智库 中社

国家智库报告 2017（29）
National Think Tank

“三 农”

中国村镇银行发展报告（2017）

——建设智慧型社区微银行

杜晓山 主编　　孙同全 张睿 蒋勇 副主编

DEVELOPMENT REPORT ON VILLAGE AND TOWNSHIP BANKS IN CHINA (2017): BUILDING SMART MICRO COMMUNITY BANKS

中国社会科学出版社

图书在版编目（CIP）数据

中国村镇银行发展报告．2017：建设智慧型社区微银行/杜晓山主编．—北京：中国社会科学出版社，2017.9

（国家智库报告）

ISBN 978-7-5203-0920-2

Ⅰ.①中…　Ⅱ.①杜…　Ⅲ.①村镇银行—银行发展—研究报告—中国　Ⅳ.①F832.35

中国版本图书馆 CIP 数据核字(2017)第 220239 号

出 版 人　赵剑英
责任编辑　刘晓红
责任校对　韩天炜
责任印制　李寡寡

出　　版　中国社会科学出版社
社　　址　北京鼓楼西大街甲 158 号
邮　　编　100720
网　　址　http://www.csspw.cn
发 行 部　010-84083685
门 市 部　010-84029450
经　　销　新华书店及其他书店

印刷装订　北京君升印刷有限公司
版　　次　2017 年 9 月第 1 版
印　　次　2017 年 9 月第 1 次印刷

开　　本　787×1092　1/16
印　　张　21.25
插　　页　2
字　　数　215 千字
定　　价　85.00 元

凡购买中国社会科学出版社图书，如有质量问题请与本社营销中心联系调换
电话：010-84083683

课题组组成

总顾问 史纪良

顾　问 张功平　潘晨光　魏后凯　王　珂　朱　钢　张亚芬

主　编 杜晓山

副主编 孙同全　张　睿　蒋　勇

成　员 文维虎　冯兴元　董　翀　耿光新　张　滨　刘　鑫　曹志军　李　晋　周勇军　张　夏　李　川　郑　斌　李贵福　楼光云　王　虹　何　帆

成员单位：

中国县镇经济交流促进会、中国社会科学院农村发展研究所、中国村镇银行发展论坛组委会、上海浦东发展银行、哈尔滨银行、包商银行、锦州银行、上海农村商业银行、常熟农村商业银行、中银富登村镇银行、四川仪陇惠民村镇银行、安徽无为徽银村镇银行、河南中牟郑银村镇银行、新疆石河子国民村镇银行、四川新津珠江村镇银行

前　言

《中国村镇银行发展报告（2017）：建设智慧型社区微银行》是继本课题组于2016年撰写的第一部完整阐述我国村镇银行发展状况的研究成果《中国村镇银行发展报告（2016）》后，发表的第二部村镇银行发展报告。本报告阐述的内容主要是介绍和分析村镇银行年度发展状况和就村镇银行发展中某一两个重点关注的问题展开讨论和研究。而2016年的报告，由于是我国第一部村镇银行发展报告，因此较为全面而深入地研究村镇银行自发起成立以来近十年的发展历程、现状、趋势、政府法规政策、内外相关制度的作用和问题以及改革建议等方面的内容。

从今年报告的标题就可以看出课题组今年关注和研究村镇银行在发展中需要注意的重点问题，也就是村镇银行的定位应是社区性和微型性质的银行，充分发挥、运用和开发社区客户“软信息”的优势；同时需要与时俱进，进一步丰富和优化金融科技服务渠道，提高服务效率和水平，成为智慧型社区微银行。今年的报告还关注了村镇银行发展中的另外一个短板，即应更加注意解决西部农村欠发达地区和贫困地区村镇银行覆盖率的问题。

今年正值村镇银行等新型农村金融机构诞生十周年。十年来，村镇银行从无到有，发展迅速，截至2016年末，全国已组建村镇银行1519家。村镇银行为众多的县域中小企业和城乡居民提供了金融服务，已成为弥补农村金融服务空白的生力军，在一定程度上实现了成立村镇银行以解决农村地区银行业金融机构网点覆盖率低、金融供给不足、竞争不充分等问题的政策目标。

但是，村镇银行之间的发展并不平衡，整体呈现纺锤形发展态势，一部分发展势头良好，大部分平平淡淡，也有一部分举步维艰。未来五年是村镇银行的关键发展时期，如果发展顺利，村镇银行作为一种新型农村金融组织形式就基本上可以在农村稳定下来，否则将可能大面积面临并购重组，甚至破产。

导致村镇银行发展不平衡的一个重要原因是对村镇银行的社区微银行基本特性和市场定位缺乏共识。认知和接受社区微银行定位的村镇银行一般会主动面向县域小微企业和城乡居民，采取与较大银行差异化的经营策略，做小、做强、做精、做特，追求与社区共同持续发展。而不接受这一认知的村镇银行则可能追求做大、做强、做快，追求短期高利润，这不但可能遭受违规处罚，甚至还会为长期健康发展埋下隐患。此外，金融科技正蓬勃发展，改变了金融服务的可能性边界，提高了金融运行效率，使金融服务触达更偏远和更低层次的消费人群。村镇银行如果不能有效利用金融科技，将在未来的市场竞争中处于劣势。

本报告由中国县镇经济交流促进会和中国村镇银行发展论坛组委会牵头组织，课题组的成员来自中国县镇经济交流促进会、中国社会科学院农村发展研究所、中国人民银行金融研究所、中国村镇银行发展论坛组委会以及部分村镇银行及其主发起行。报告各部分工作的主要承担者为：问卷调查与数据录入，蒋勇、何帆；报告框架设计，孙同全；第一章，孙同全；第二章，董翀、蒋勇；第三章，孙同全；第四章，何帆；第五章，蒋勇、何帆；第六章，孙同全；第七章，张睿、蒋勇；第八章，冯兴元；摘要英文翻译，董翀；统稿，孙同全、董翀、何帆；报告审定，杜晓山。本报告在选题、撰写和修改过程中得到了史纪良、潘晨光、王珂与张亚芬等领导的指导。

今年，课题组很荣幸地邀请到中国人民银行原副行长、中国银行业监督管理委员会原副主席史纪良先生作为总顾问，对本报告提出了诸多指导性意见，课题组全体成员深表谢意！此外，本报告的研究工作还得到了参加“全国村镇银行综合业务发展情况排名活动”调研的116家村镇银行的积极支持与配合，尤其是课题组成员单位提供了翔实的案例或金融科技应用情况。此外，安徽省银监局、广东省银监局、四川省银行业协会、浦发银行、上海农村商业银行还为课题组安排了实地调研以及与村镇银行的座谈。课题组还得到了一些银行业主管部门和村镇银行领导的专业意见，如四川省银行业协会副秘书长文维虎、彭山珠江村镇银行董事长孟志新、行长何超发和监事长冯远岽，等等。总之，本报告课题组得到了众多政府主管部门、村镇银行及其主发起行的大力支持，因为人数较多，在此不一一具名。我谨代表课题组向所有为本报告的研究工作提供各种支持的机构和人员表示衷心的感谢！

由于课题组人员能力、经验和资料等方面的局限，本报告一定存在很多不足，欢迎各界读者批评指正。

本报告仅代表作者的观点，与其所属机构无关。特此说明。

杜晓山
2017 年 8 月

摘　要

自 2007 年我国第一家村镇银行成立以来，历经十年，村镇银行发展迅速，为众多的农村中小企业和农户提供了金融服务，已成为弥补农村金融服务空白的生力军，在一定程度上实现了成立村镇银行以解决农村地区银行业金融机构网点覆盖率低、金融供给不足、竞争不充分等问题的政策目标。但是，村镇银行发展的十年历程表明，村镇银行在政策上的明确市场定位在实践中却并没有得到村镇银行各利益相关方（包括发起行、其他企业和自然人股东、银行高管和员工，甚至地方政府）的广泛认同和落实。村镇银行内部缺乏共识，往往成为村镇银行内部矛盾和经营不善的重要根源。村镇银行业内缺乏共识，也是整个行业发展参差不齐、缺乏行业发展标杆的重要原因。

在中国整个银行体系中，村镇银行几乎位于最底端，无论整体还是个体规模，都小于其他农村金融机构。但对此，村镇银行的各利益相关方却没有形成广泛共识。有些村镇银行欲与大银行争夺大客户，发放大额贷款，以为可以降低成本，提高收益，却忽略了不断累积的信贷风险集中度及其蕴藏的巨大风险。

在金融科技浪潮中，农村金融市场正悄然发生着巨大变化，不仅金融服务提供者种类与数量增加，而且服务产品和方式也呈现多样化特征。金融科技蕴藏着巨大的影响力。如果仅仅满足于传统的市场营销方式，心态上安于现状、保守求稳，没有认识到金融科技对于降低成本、提高效率、拓展业务渠道、增强客户黏性等方面所具有的重要意义，那么，在将来的市场竞争中，村镇银行很可能处于不利地位。

本报告利用参加“全国村镇银行综合业务发展情况排名活动”调研的116家村镇银行提供的数据以及中国银监会公布的数据，分析了2016年以来村镇银行发展状况，包括村镇银行的发展规模、地区分布、财务绩效以及社会绩效等方面，然后聚焦分析了村镇银行的市场定位和金融科技应用问题。

本报告分为两个部分，一是主报告，二是案例报告。主报告又分为六章，分别是引言、村镇银行新进展、社区银行基本理论、村镇银行的社区微银行定位、建设智慧型社区微银行、结语。案例报告包括两个部分，一是国内村镇银行案例分析；二是国外社区银行案例分析。国内案例有七个，包括我国第一家村镇银行四川省仪陇惠民村镇银行、目前规模最大的村镇银行河南省中牟郑银村镇银行、中部深入农村社区并努力利用金融科技的安徽省无为徽银村镇银行、服务边疆的新疆石河子国民村镇银行、重归支农支小定位而焕发生机的四川省新津珠江村镇银行、我国注册资金最小的汾西县太行村镇银行，以及我国集中发起、数量最多的村镇银行集群中银富登村镇银行。国外案例是德国的管家银行制度分析。

本报告以社区银行基本理论为基本分析框架，结合村镇银行特点，采用问卷调查、典型案例分析和文献研究等方法，规范分析与实证分析相结合。本报告中用于分析的基础数据主要来自三个方面。一是来源于中国银监会网站、中国人民银行网站、各级政府网站以及公开发表或出版的论文和著作中的相关统计数据。二是来源于参加“全国村镇银行综合业务发展情况排名活动”

调研的 116 家村镇银行提供的数据。三是来源于课题组 2017 年上半年在东、中、西和东北地区的 20 多家村镇银行及其主发起行和当地监管部门的调研，以及对各村镇银行所在省、市、县的社会经济状况和金融环境的详细调查。

2016 年以来，与村镇银行发展相关的宏观政策和监管政策平稳。截至 2016 年年末，全国已组建村镇银行 1519 家，中、东部地区设立村镇银行数量较为平均，西部地区设立村镇银行数量少于其他地区。此外，村镇银行设立在国定贫困县的比例尚未过半，进一步实施准入挂钩政策还有很大的空间。

分析发现，2016 年，发展较好的村镇银行群体总体上资产规模明显增加，存贷款业务稳定增长；流动性指标保持稳定但略有下降，与监管指标的趋势一致；效益性指标表现良好，甚至超过了商业银行平均水平；主要风险监管指标符合监管要求，风险总体可控。总体上看，村镇银行已成为立足县域、支农支小的新生力量，在激活农村金融市场、健全农村金融体系、发展普惠金融和支持农村经济社会发展方面发挥了重要作用。同时，村镇银行服务覆盖面持续扩大，覆盖深度有所加深。但是，在客户服务、信息透明与客户保护、社区关系和员工培养方面，各村镇银行之间存在较大差距，而且，各村镇银行之间财务指标的分化也比较严重。

村镇银行是县域内的社区微银行。社区银行起源于欧美等国服务于社区及其企业和居民的小型银行。本报告将我国社区银行定义为在县域及其以下注册成立并在注册地行政区域内开展业务的、具有独立法人地位的银行业金融机构。村镇银行因其设立的政策性与商业性，天然是社区银行，因为村镇银行设在县级（含）以下的占比超过90%，具有县域法人的特征。此外，村镇银行的经营范围被限制在行政区划之内，在人员配置、资金来源、产品服务等方面都具有明显的本地化特征，而且管理链条短、决策快、机制灵活，符合“立足县域、服务社区、支农支小”的市场定位。对比其他主要涉农金融机构，村镇银行在规模和客户方面都具有“微型”商业银行的特点。

金融科技正在改变金融的服务能力边界，已成为竞争力的重要组成部分。从116家调研村镇银行资料来看，全国大部分村镇银行的金融科技应用尚处于起步阶段，信息化水平亟待提高，在人才储备、业务系统开发、项目建设、日常运维等方面仍存在诸多问题。

通过分析，本报告的结论有以下七点：

（1）村镇银行发展的政策环境稳定而友好，但还存在一定的改进空间。

（2）村镇银行已成为促进县域经济社会发展、支农支小的新生力量，取得了较好的社会绩效。但是村镇银行之间的表现差异较大，社会绩效意识亟待增强，管理制度有待完善。

（3）2016 年村镇银行整体发展平稳，取得了较好的财务绩效，但是村镇银行之间的经营状况分化比较严重。未来村镇银行可能进入分化加剧时期。

（4）村镇银行在国家扶贫开发工作重点县和集中连片特殊困难地区县的覆盖面还不足一半，与政府创设村镇银行制度的初衷相比还有较大距离。

（5）村镇银行具有明显的社区微银行特征，具有开发并利用社区客户“软信息”的优势，应定位于县域及县域以下城乡金融市场，但是，对这样的市场定位并不是所有村镇银行都能理解和把握。

（6）村镇银行在利用金融科技方面取得了一定的成绩，但仍处于初级阶段，面临很多困难，需要丰富和优化金融科技服务渠道，提高服务水平。

（7）农村金融市场竞争的加剧和村镇银行自身管理水平的差异，加重了村镇银行经营状况分化程度，为村镇银行发展前景增添了不确定性。未来五年是村镇银行发展的关键时期，如果发展顺利，村镇银行作为一种新型农村金融组织形式就基本上可以在农村稳定下来，否则将可能大面积面临重组并购，甚至破产。

本报告的建议包括以下七点：

（1）根据村镇银行社区微银行的特性，调整宏观审慎评估政策，延续和真正落实各项财税扶持政策。

（2）应制定贫困地区村镇银行全覆盖的优惠政策，鼓励主发起行和当地民间资本在贫困地区建立村镇银行。

（3）村镇银行应该清醒地认识到自身的社区微银行的基本特征和服务县域小微企业和“三农”的市场定位，并主动加强社区性特征。

（4）村镇银行应以“双轮驱动”建设智慧型社区微银行，在充分利用金融科技的同时重视利用自身定位社区银行的特有优势。

（5）村镇银行应用金融科技需要有规模化、集约化、专业化并能满足个性化的服务平台支撑。

（6）应适时研究制定村镇银行经营不善的退出机制和并购政策措施。

（7）鼓励倡导、支持和探索真心深耕与服务普惠金融底端客户的“社会企业”类村镇银行的发展。

关键词：村镇银行；社区银行；微银行；金融科技；智慧银行

Summary

Since the first village and township bank was established in 2007, this new type of rural financial institution has been developing rapidly for ten years. The policy goals for setting up village and township banks were to solve the problems such as low coverage of banking financial institution in rural area, the lack of rural financial supply, and the insufficiency of competition. For the last 10 years, the village and township banks had provided financial services for many small and medium - sized enterprises and rural households, and have become a new force for filling the gaps of rural financial services, so that to some extent have achieved the policy goals. However, from their experiences and progresses, village and township banks' market positioning is not widely accepted by their stakeholders (including the originators, other enterprises and individual shareholders, executives and employees of village and township banks, even the local governments) in practice, even it is quite clear in policy. The lack of agreement within Village and township banks often becomes the important source of internal contradictions and mismanagement. Lack of consensus among the village and township banks is an important reason for the uneven development of the entire industry and the lack of industry benchmark.

The village and township banks are almost at the bottom of Chinese banking system, it is much smaller than the other rural financial institutions in both overall and individualistic scales. However, it is not widely recognized among village and township banks' stakeholders. Some village and township banks granted large loan to compete with big banks for big customers, wishing to reduce costs and increase profits, while ignoring the constantly accumulating concentration of-credit risk and the potential risk it contains.

In the wave of financial technology, rural financial market is undergoing tremendous changes, not only increasing types and quantities of financial service providers, but also the diversified service products and modes. Financial technology contains great power. If the village and township banks could not realize the financial technology's function of reducing costs, improving efficiency, expanding business channels, and enhancing customers' stickiness, while just content with the traditional marketing mode, being satisfied with the existing status, keeping steady developing, they may be at a disadvantage in market competition in the future.

This report utilized the data both submitted by 116 village and township banks surveyed for the event of "China village and township banks comprehensive business development ranking" and collected from the website of China Banking Regulatory Commission, analyzed the development condition of village and township banks since 2016, including their development scale, distribution, financial performance and social performance, then analyzed the market positioning and financial technology application of village and township banks.

This report consists of two parts: the main report and

the case study. The main report consists of six chapters, they are the introduction, the new progress of village and township banks, the basic theory of community bank, the village and township bank's positioning of "micro community bank", the goal of constructing the "smartmicro community bank", and the conclusion. The case study consists of the case analysis of village and township banks in China and the case analysis of foreign community banks. There were seven cases about Chinese village and township banks, including Yilong Huimin Village and Township Bank which was China's earliest village and township bank in Sichuan province, Zhongmu Zhengyin Village and Township Bank which was China's largest village and township bank in Henan province, Wuwei Huiyin Village and Township Bank whic hutilized financial technology well and deepened its services in rural communities in Anhui Province, Shihezi NationalVillage and Township Bank which served custom in border area in Xinjiang, Xinjin Zhujiang Village and Township Bank which resuscitated while went back to positioning of supporting agriculture and MSEs in Sichuan province, Fenxi Taihang

Village and Township Bank which was of the minimum registered capital in Shanxi province, and Zhongyin Fudeng Group which launched the largest amount of village and township banks intensively. The Hausbank (House bank) system in Germany was taken as the case of foreign community banks.

This report combined the normative analysis and empirical analysis, taking the community bank theory as basic analysis framework, described the characteristics of village and township bank by the questionnaire survey data, typical case analysis and literature review. The sources of data used for analysis in this report were as follow: 1) the website of China Banking Regulatory Commission, the website of the People's Bank of China, the central and local government websites, and published papers and yearbooks. 2) the information submitted by 116 village and township banks surveyed for the event of "ChinaVillage and township banks comprehensive business development ranking". 3) the information from investigation in first half of 2017 on more than 20 village and township banks and their sponsor banks, local regulators, and survey on the social, economic and financial environment where the investigated banks located, in the eastern, central, western and northeastern part of China.

Since 2016, the macro development policy and regulatory policy related to village and township bank have stayed steady. By the end of 2016, there were 1519 village and township banks set up nationwide, and the amount of village and township banks in the central region is as many as in eastern region, but more than that in the western regions. In addition, less than 50% of village and township banks established in the national poverty counties, which means there was still a lot of room for further implementation of admittance policy.

It is found that in 2016, for those more developed village and township banks, their total asset increased significantly, deposits and loans business was growing stably; liquidity index remained stable but slightly decreased, which correspond with the trend of regulatory indicators; performance index is even better than the average level of commercial banks; the main risk indicators were in line with regulatory requirements, the overall risk is controllable. In summary, the village and township bank has become a new stable force for stabilizing county economic and supporting SME and agriculture, and has played an important role in activating rural financial market, improving rural financial system, developing inclusive finance and supporting rural economic and social development. At the same time, the coverage of village and township banks' services continued to expand and deepen. However, there were differentiation among village and township banks in customer service, information transparency and customer protection, community relations and staff training, etc. The differentiation of their financial indicators is even more serious.

Village and township banks should aim at micro community bank sin county areas. Community banks originated from small banks serving communities and businesses and residents within community in USA, Europe and other countries. In this report, the community bank is defined as a banking financial institution which registered within the county level and operated as an independent legal status and carried out in the administrative area of the registered territory. Because of the limitation by policies and their commercial nature, village and township banks are community banks. More than 90% of the village and township banks were set within county field, with the characteristics of legal person in county areas. In addition, the business scope of village and township banks is limited in their administrative areas, with obviously local characteristics in staffing, funding sources, and products and services. Its short decision chain, quick decision – making process and flexible mechanism is suitable for the market positioning of "focusing on the county, serving community, supporting MSEs and agriculture". Compared with other agriculture related financial institutions, village and township banks have the characteristics of "micro" commercial bank in terms of their scales andtheir customers individually.

Financial technology is changing the boundary of financial services, has become an important part of village and township banks' competitiveness. Based on the data of 116 surveyed village and township banks, most of the village and township banks were still in the initial stage of financial technology application. There are still many problems in talent reserve, business system development, project construction and daily operation etc. The informatization levels of village and township banks should be improved.

Based on the above analysis, the conclusions of this report are as follows:

1. The policy environment is stable and friendly for the development of rural banks, though there is still some room for improvement.

2. The village and township banks have become a new force in promoting county economic and social development and supporting agriculture and small and micro enterprises, and have achieved good social performance. However, there were big differences among village and township banks, and their social performance awareness and management system need to be enhanced urgently.

3. In 2016, the overall development of village and township banks is smoothly, and their financial performances look good. However, there were big differences in their operation conditions. In the future, village and township banks

may begin to enter the period of intensified differentiation.

4. The coverage of village and township banks in the counties which were national poverty alleviation and development work focus on or were in concentrated contiguous poverty areas is less than half, which is far away from the goal of government to set up village and township banking system.

5. The village and township bank has obvious characteristics of micro community banks, with the advantage of developing and using the community customers' soft information. Therefore, their market positioning should be the rural financial market within county field. However, not all of the village and township banks can understandand and take such market positioning.

6. The village and township banks have made some achievements in the use of financial technology, but they are still in the initial stage and facing many difficulties. They should expand and optimize their financial services channels and improve their services.

7. Both the increasing competition in the rural financial market and the big gaps among their operating and managing

levels have aggravated the differentiation of the village and township banks, which added the uncertainty to their developing prospects. The next five years is the key period for their development. The village and township banks might be entering steady development phase as a new form of rural financial organizations if everything goes well, otherwise, a large number of village and township banks may face to reorganization, or be merged, or even bankruptcy.

Based on the above conclusions, the policy suggestions of this report are as follows:

1. To adjust the relative clause in Macro Prudential Assessment according to the micro – bank characteristics of village and township banks, to continue and truly implement the fiscal and tax supporting policies.

2. To make preferential policies to promote the full coverage of village and township banks in poor areas; to encourage the chief sponsor bank and local private investor to launch village and township banks in poor areas.

3. Village and township banks should clearly recognize their basic characteristics of micro community banks and

their market positioning of small and micro enterprises in counties and " three rural issues " field, then actively strengthen their own community characteristics.

4. Rural banks should focus on building the " smart micro community banks" with " double wheel drive" system, which means to take full advantages of both financial technology and their unique positioning as community banks.

5. To build the tech – platforms which were scaled, intensive, professional and personalized to support the financial technology services the village and township banks required.

6. To study and formulate the appropriate with drawal mechanism and Merger Policy for village and township banks poorly managed.

7. To encourage, advocate, support and explore the development of the " social enterprise" village and township banks which truly focus on the deeply inclusive financial services for grassroots.

Key Words: village and township bank, community bank, micro bank, financial technology, smart bank

目　　录

一　引言

（一）研究背景

自2007年我国第一家村镇银行成立以来，历经十年，村镇银行发展迅速，为众多的农村中小企业和农户提供了金融服务，已成为弥补农村金融服务空白的生力军，在一定程度上实现了成立村镇银行以解决农村地区银行业金融机构网点覆盖率低、金融供给不足、竞争不充分等问题的政策目标。截至2016年年末，全国已有1259个县（市）设立村镇银行，县（市）覆盖率为67%；全国已组建村镇银行1519家，比2015年年底增加了142家，营业网点近5000个，从业人员达8万多人，累计为352万家农户和小微企业发放贷款580万笔，累计发放贷款金额达3万亿元[①]。回望十年的发展历程，村镇银行的发展仍然面临着严峻的挑战。

1. 实践中村镇银行的市场定位不清，严重影响了村镇银行业的健康发展

虽然村镇银行发展迅速，但是村镇银行群体发展的差异很大，尤其表现在市场定位上。很多村镇银行避免与大银行竞争，瞄准县域的城乡金融市场，以服务城乡小微企业和"三农"的金融需求为目标，甘愿做"小微银行"。但是，同时也有相当数量的村镇银行追求快速做大做强，挣大钱，挣快钱，瞄准大项目、大企业。其中有些村镇银行竞相进城，不能深入农村社区；有的村镇银行仍然固守实物抵押的贷款业务模式，不能充分利用农村熟人社会的"软信息"来灵活开展业务；等等。

市场定位的差异也带来村镇银行内部经营管理制度、企业文化、经营效益和可持续发展能力等方面的差异。专注于县域内小微金融市场的村镇银行，虽然发展速度比较慢，而且没有快速攫取超额利润，却形成了与

① 中国人民银行农村金融服务研究小组：《中国农村金融服务报告（2016）》，中国金融出版社2017年版，第8页。

所在城乡社区企业和居民的密切关系，取得了稳定持续的经济效益，践行了支农支小的政策目标，填补了农村金融市场的空白，树立了良好的社会形象，为银行的长远发展打下了良好的基础。而一些快速做大的村镇银行，资产质量却潜藏危机，并且受到较大银行的强烈竞争压力，还可能受到监管的处罚，高利润也难以为继。

关于村镇银行的定位，金融监管部门的政策非常明确，而且一以贯之。2007 年，中国银监会在《村镇银行管理暂行规定》中规定，村镇银行是“在农村地区设立的主要为当地农民、农业和农村经济发展提供金融服务的银行业金融机构”，“村镇银行在缴足存款准备金后，其可用资金应全部用于当地农村经济建设。村镇银行发放贷款应首先充分满足县域内农户、农业和农村经济发展的需要”。同年，中国银监会印发《关于加强村镇银行监管的意见》，要求村镇银行“立足县域，服务‘三农’、服务社区”。2012 年，中国银监会在《关于加强村镇银行票据业务监管的通知》中规定，“村镇银行作为社区银行，服务范围限于所在县域，不得跨区域经营；服务对象主要是‘三农’和小微企业，不得偏离市场定位”。2014 年中国银监会发布的《关于进一步促进村镇银行健康发展的指导意见》再次强调，村镇银行应牢固树立“立足县域、服务社区、支农支小”的市场定位，制定支农支小发展战略，创新探索支农支小商业模式。所以，从监管政策来看，村镇银行就应该定位于所注册成立的县域市场，以“三农”和小微企业为服务对象。

但是，村镇银行发展的十年历程表明，村镇银行在政策上的明确市场定位在实践中却并没有得到村镇银行各利益相关方（包括发起行、其他企业和自然人股东、银行高管和员工，甚至地方政府）的广泛认同和落实。村镇银行内部缺乏共识，往往成为村镇银行内部矛盾和经营不善的重要根源。村镇银行业内缺乏共识，也是整个行业发展参差不齐、缺乏行业发展标杆的重要原因。村镇银行与政府监管部门之间缺乏共识，往往成为村镇银行与政府监管部门之间关系紧张的根源之一。这种共识的缺乏是导致村镇银行“不村镇”[①]，找不到自己应有的生存与发展空间，找不到自身的社会使命与前进方向的重要原因。其社会后果就是难以弥补农村金融市场

① 参见洪奕宜、毕嘉琪、黄颖川、徐林《建有益之言谋务实之策》《南方日报》，http：//epaper. southcn. com/nfdaily/html/2016 - 03/17/content_ 7526935. htm。

空白、实现普惠金融的政策目标。

2. 对村镇银行的小微银行特性的理解与把握亟待提高

我国的农村中小金融机构基本上都是注册在县域以内。同样是县域内的法人金融机构，村镇银行与农村商业银行、农村合作银行、农村信用社有什么区别呢？很显然，村镇银行规模小，风险承受力弱。在中国整个银行体系中，村镇银行几乎位于最底端，无论整体还是个体规模，都小于其他农村金融机构。那么，村镇银行经营战略和策略一定要有别于其他银行。这种区别主要体现在市场定位、目标客户、贷款产品和服务机制等各个方面，也就是说，目标市场更低端，向其他金融机构撤出或着力不重的市场开拓，为“三农”和小微企业提供传统的存贷款和汇兑等金融服务，产品以小额短期为主，等等。这种选择是由村镇银行的市场定位与自身实力状况所决定的。但对此，村镇银行的各利益相关方没有形成广泛共识。有些村镇银行欲与大银行争夺大客户，发放大额贷款，以为可以降低成本，提高收益，却忽略了不断累积的信贷风险集中度及其蕴藏的巨大风险。

3. 金融科技的应用水平成为影响村镇银行未来发展的重要因素

当前，人类社会在数字技术的快速发展中正发生着巨大变化。以移动电话、互联网、高速运算、加密技术和机器学习等科技为代表的数字技术不断发展，人类的工作和生活方式、相互间交流方式已发生重大变化。当数字技术应用到金融领域，金融服务的产品和机制、服务的能力与范围都得到巨大提升，推动了金融业的巨大发展与金融市场竞争格局的重大变化。为此，2016 年 G20 杭州峰会通过了《G20 数字普惠金融高级原则》，包括 8 项原则和 66 条行动建议。其中 8 项原则的核心是利用数字技术推动普惠金融发展①，66 条行动建议主要是促进数字技术在金融领域应用的政策措施。

数字技术与金融的结合产生了新的概念——“金融科技”（FinTech），其基本含义是指通过技术手段推动金融创新，形成对金融市场、机构及金融服务产生重大

① 8 项原则具体为：倡导利用数字技术推动普惠金融发展；平衡好数字普惠金融发展中的创新与风险；构建恰当的数字普惠金融法律监管框架；扩展数字金融服务基础设施；采取尽责的数字金融措施保护消费者；重视消费者数字技术知识和金融知识的普及；促进数字金融服务的客户身份识别；监测数字普惠金融进展。

影响的业务模式、技术应用以及流程和产品[①]。在实践中，“金融科技”的具体含义在不同背景下也存在差异。有时是指对现行金融业务的数字化或电子化，如网上银行、手机银行等；有时是指可以应用于金融领域的各类新技术，如分布式账户、云计算、大数据等[②]。巴塞尔银行监管委员会将金融科技分为四类，即支付结算、存贷款与资本筹集、投资管理、市场设施。在具体业务中，金融科技被广泛地运用于各类金融产品和服务，如支付、转账、储蓄、信贷、保险、证券、财务规划和银行对账单服务，等等。这些金融创新可能产生新的商业模式、技术应用、业务流程和创新产品，从而对金融服务的供给产生重要影响。

在金融科技浪潮中，农村金融市场正悄然发生着巨大变化，不仅金融服务提供者种类与数量增加，而且服务产品和方式也呈现多样化特征。第一，一些互联网金融企业进入农村金融市场，利用P2P平台为农户和农业企业提供融资、理财等服务。第二，电商企业利用其

---

① 李文红、蒋则沈：《金融科技（FinTech）发展与监管：一个监管者的视角》，《金融监管研究》2017年第3期。

② 同上。

电商平台和大数据优势，构建起闭环的产业链融资模式以及农村小微企业和农户的小额生产经营或生活消费贷款模式。第三，一些农业产业化龙头企业依托其农业产业链，与互联网结合，建立起农村互联网金融生态圈。第四，一些农资供应企业凭借掌握的农业生产用户的大数据以及与关键农业企业的长期合作关系，并通过互联网融资平台，整合建立起农业供应链融资模式。第五，传统的银行业机构纷纷研发并应用金融技术，拓宽获客渠道，建立农户信用体系，通过手机银行、网上银行等，对农户和农村小微企业贷款预先授信，快速响应信贷服务需求，大幅提升金融服务效率和客户体验。

农村金融市场在金融技术推动下发生的种种变化给村镇银行带来了前所未有的考验。2007 年有关村镇银行的新型农村金融政策出台之时，农村金融市场仍然有许多空白，供给不充分和竞争不足的问题非常严重，农村金融市场仍然是一片“蓝海”。时至今日，利用新技术，原本无法触达的边远地区金融消费者可以触达了，原本高企难下的金融服务成本有可能降低了，原本难以把控的金融风险有更好的条件进行管理了，原本无利可图的市场呈现出一定的营利性，在局部地区农村金融市场正在转变为“红海”。农村金融消费者拥有了更多的金融服务选择。

尽管我国农村地区的互联网应用与城镇有较大差距，但农村互联网市场的发展潜力依然较大[①]，金融科技蕴藏着巨大的影响力。如果仅仅满足于传统的市场营销方式，心态上安于现状、保守求稳，没有认识到金融科技对于降低成本、提高效率、拓展业务渠道、增强客户黏性等方面所具有的重要意义，那么，在将来的市场竞争中，村镇银行很可能处于不利地位。所以，村镇银行必须未雨绸缪，从现实的生存竞争和未来的市场保有及扩展考虑，恰当地应用金融科技。

（二）研究内容与方法

1. 研究内容

基于以上背景，本报告在《中国村镇银行发展报告

① 截至2017年6月底，我国网民中农村网民占比26.7%，规模为2.01亿人，比城镇低46.6个百分点和3.4亿人；农村互联网普及率为34.0%，比城镇低35.4个百分点。参见中国互联网络信息中心《第40次中国互联网络发展状况统计报告》，2017年7月，第15页。http：//www.cnnic.net.cn/hlwfzyj/hlwxzbg/hlwtjbg/201708/P020170807351923262153.pdf。

(2016)》的基础上，利用参加“全国村镇银行综合业务发展情况排名活动”调研的116家村镇银行提供的数据以及中国银监会公布的数据，分析了2016年以来村镇银行的发展状况，包括村镇银行的发展规模、地区分布、财务绩效以及社会绩效等方面，然后聚焦分析了村镇银行的市场定位和金融科技应用问题。在市场定位方面，本报告运用社区银行的基本理论分析了村镇银行的社区微银行的特性，指出村镇银行应以服务县域城乡小微企业和居民为市场定位，避免与较大银行进行竞争，而应采取差异化战略，利用“软信息”，努力向下，根据目标客户的需求特点提供灵活而多样化的服务。在金融科技方面，本报告利用上述116家调研村镇银行的数据和典型案例，分析了村镇银行金融科技的运用情况，以及取得的成效、存在的问题和努力的方向，指出智慧化经营不仅仅是充分而恰当地利用金融科技，而且应发挥社区微银行的优势，充分使用社区内的“软信息”，密切村镇银行与社区企业、居民以及其他各类组织之间的鱼水关系，共生共存，共同发展。

本报告分为两个部分，一是主报告，二是案例报告。主报告又分为六章，分别是引言、村镇银行新进展、社区银行基本理论、村镇银行的社区微银行定位、建设智慧型社区微银行、结语。其中村镇银行新进展包括2016年以来与村镇银行相关的农村金融政策、村镇银行的发展规模、地区分布、财务绩效、社会绩效等；社区银行基本理论包括社区银行的含义、特点与市场定位、监管与促进，以及国内外社区银行产生与发展概况等；村镇银行的社区微银行定位包括村镇银行的社区性、微型特性、业务传统而灵活的特征以及村镇银行在县域经济中的作用与意义等；建设智慧型社区微银行包括村镇银行应用金融科技的情况与效果、面临的问题和努力方向等；结语包括本报告的研究结论与建议。案例报告包括两个部分，一是国内村镇银行案例分析；二是国外社区银行案例分析。国内案例有七个，包括了我国第一家村镇银行四川省仪陇惠民村镇银行、目前规模最大的村镇银行河南省中牟郑银村镇银行、中部深入农村社区并努力利用金融科技的安徽省无为徽银村镇银行、服务边疆的新疆石河子国民村镇银行、重归支农支小定位而焕发生机的四川省新津珠江村镇银行、我国注册资金最小的汾西县太行村镇银行，以及我国集中发起、数量最多的村镇银行集群中银富登村镇银行。国外案例是德国的管家银行制度分析，以他山之石攻我玉之用。

2. 研究方法

本报告以社区银行基本理论为基本分析框架，结合村镇银行特点，采用问卷调查、典型案例分析和文献研究等方法，规范分析与实证分析相结合。

本报告中用于分析的基础数据主要来自三个方面。一是来源于中国银监会网站、中国人民银行网站、各级政府网站以及公开发表或出版的论文和著作中的相关统计数据。二是来源于参加“全国村镇银行综合业务发展情况排名活动”调研的 116 家村镇银行提供的数据，其中，东、东北、中和西部地区的村镇银行数量分别是 53 家、12 家、28 家和 23 家。经过效度检验，该数据较准确地披露了各参评村镇银行的相关经营指标，对发展较稳定、经营状况较好的村镇银行具有代表性。三是来源于课题组 2017 年上半年在东、中、西和东北地区的 20 多家村镇银行及其主发起行和当地监管部门的调研，以及对各村镇银行所在省、市、县的社会经济状况和金融环境的详细调查。

需要说明的是，尽管本报告的数据兼顾了普遍性和典型性，能够较好地支撑本报告的研究内容，但是不可否认，参与“全国村镇银行综合业务发展情况排名活动”调研的村镇银行大都是运行状况较好的，这些数据更多地反映了我国较为优秀的村镇银行的发展状况和特点，尤其是在财务绩效和社会绩效方面。因此，本报告同时使用政府监管部门公布的数据以及课题组实地调研得到的数据和案例，以期尽量全面反映村镇银行的发展状况。

二　村镇银行新进展

（一）2016—2017 年政策新进展

村镇银行是我国农村金融的重要力量，为原本单一的、缺乏活力的农村金融服务注入了新的活力，是解决我国现有农村地区银行业金融机构覆盖率低、金融供给不足、竞争不充分、金融服务缺位等“金融抑制”问题的创新之举。2016 年以来，我国多部门出台政策支持村镇银行发展，并且初步形成了多种政策相互结合、相互激励的扶持政策体系。

1. 有关农村金融的宏观经济政策环境

2017 年中央一号文件《中共中央、国务院关于深入推进农业供给侧结构性改革加快培育农业农村发展新动能的若干意见》为今后一段时期的“三农”工作指明了方向，提出要把深入推进农业供给侧结构性改革作为新的历史阶段“三农”工作主线。在农村金融方面，文件提出要优化村镇银行设立模式，提高县市覆盖面。支持村镇银行等农村中小金融机构立足县域，加大服务“三农”力度，健全内部控制和风险管理制度。强化激励约束机制，确保“三农”贷款投放持续增长。对涉农业务较多的金融机构，进一步完善差别化考核办法。落实涉农贷款增量奖励政策。深入推进承包土地的经营权和农民住房财产权抵押贷款试点。在财政支农方面，文件提出要坚持把农业农村作为财政支出的优先保障领域，确保农业农村投入适度增加，着力优化投入结构，创新使用方式，提升支农效能。在农业补贴方面，文件提出要进一步提高农业补贴政策的指向性和精准性，重点补主产区、适度规模经营、农民收入、绿色生态。深入推进农业“三项补贴”制度改革。

2017年《国务院政府工作报告》进一步对今年的“三农”工作作出了全面部署。该报告提到，今年要从推进农业结构调整、加强现代农业建设、深化农村改革、加强农村公共设施建设四方面促进农业稳定发展和农民持续增收。要深入推进农业供给侧结构性改革，完善强农惠农政策，拓展农民就业增收渠道，保障国家粮食安全，推动农业现代化与新型城镇化互促共进，加快培育农业农村发展新动能。该报告提到，要深入实施精准扶贫精准脱贫，今年再减少农村贫困人口 1000 万以上，完成易地扶贫搬迁 340 万人。中央财政专项扶贫资金增长 30% 以上。该报告还提到，要促进金融机构突出主业、下沉重心，增强服务实体经济能力，坚决防止脱实向虚。鼓励大中型商业银行设立普惠金融事业部，有效缓解中小微企业融资难、融资贵问题。推进农村信用社改革，强化服务“三农”功能。要综合运用货币政策工具，促进金融资源更多流向实体经济，特别是支持“三农”和小微企业。

为了进一步完善农村基本经营制度、推动现代农业发展，有关部门发布了一系列的政策。2016 年 3 月 15 日，中国人民银行会同相关部门联合印发了《农村承包土地的经营权抵押贷款试点暂行办法》和《农民住房财产权抵押贷款试点暂行办法》（以下简称“两个办法”）。“两个办法”从贷款对象、贷款管理、风险补偿、配套支持措施、试点监测评估等方面，对金融机构、试点地区和相关部门推进落实“两权”抵押贷款试点明确了政策要求。2016 年 10 月 30 日，中共中央办公厅、国务院办公厅印发的《关于完善农村土地所有权承包权经营权分置办法的意见》指出，要完善“三权分置”办法，不断探索农村土地集体所有制的有效实现形式，落实集体所有权，稳定农户承包权，放活土地经营权，充分发挥“三权”的各自功能和整体效用，形成层次分明、结构合理、平等保护的格局。2016 年 12 月 26 日，中共中央、国务院印发的《关于稳步推进农村集体产权制度改革的意见》提出，要以明晰农村集体产权归属、维护农村集体经济组织成员权利为目的，以推进集体经营性资产改革为重点任务，以发展股份合作等多种形式的合作与联合为导向，促进农业发展、农民富裕、农村繁荣。

2. 银行业发展新政策

（1）监管政策

为了提高服务实体经济质效，提高风险防控水平，提高依法监管能效，提高改革开放层级，2016 年至今，中国银监会接连发布多项监管文件（见表 2 - 1）。尤其是2017年上半年密集发布一系列监管文件，要求对银行业内存在的风险进行摸底排查，矛头直指防范金融风险，是“防风险、去杠杆”思路的进一步强化，标志着银行资产负债表扩张迎来分水岭，意味着弥补制度短板、强化监管力度的大幕拉开。

表2－1　2016年以来中国银监会重点监管文件汇总

文件名	发文日期	基本内容
《商业银行内部审计指引》	2016年4月16日	商业银行应建立独立垂直的内部审计体系。董事会应下设审计委员会。审计委员会成员不少于3人，多数成员应为独立董事。监事会对本银行内部审计工作进行监督。内部审计部门应编制中长期审计规划和年度审计计划。不得将内部审计职能外包，但可将有限的、特定的内部审计活动外包给第三方
《银行业金融机构全面风险管理指引》	2016年9月27日	银行业金融机构高级管理层承担全面风险管理的实施责任。银行业金融机构应确定业务条线承担风险管理的直接责任。应当每年对风险偏好至少进行一次评估。应当具备完善的风险管理信息系统，将全面风险管理纳入内部审计范畴，至少按年度向银行业监督管理机构报送全面风险管理报告
《关于开展商业银行“两会一层”风控责任落实情况专项检查的通知》	2017年3月23日	本次专项检查工作采取商业银行自查与监管部门监督检查相结合的方式。检查内容包括公司治理存在漏洞、不良贷款大幅上升或风险分类不实等商业银行风险控制缺陷，董事会、监事会、高管层整体履职不到位，董事、监事、高管个人履职不到位等问题

续表

文件名	发文日期	基本内容
《关于开展银行业“监管套利、空转套利、关联套利”专项治理工作的通知》	2017年3月28日	“监管套利”检查是否规避信用风险、资本充足、流动性风险等监管指标违规套利、是否规避监管政策违规套利。“空转套利”检查是否有资金在金融体系内流转而未流向实体经济的套利，包括信贷“空转”、票据“空转”、理财“空转”和同业“空转”。“关联套利”检查是否违规向关联方授信、转移资产或提供其他服务，是否违反或规避并表管理规定
《关于开展银行业“违法、违规、违章”行为专项治理工作的通知》	2017年3月28日	要求在银行业金融机构中全面开展“违反金融法律、违反监管规则、违反内部规章”行为专项治理工作。银行业金融机构要重点关注二级及以下分支机构及其负责人。做到应处必处，应罚尽罚。对高管人员违规参与非法融资活动的，坚决依法取消任职资格。处罚结果要进行通报和曝光，强化震慑效应
《关于开展银行业“不当创新、不当交易、不当激励、不当收费”专项治理工作的通知》	2017年4月6日	“不当创新”方面检查金融机构是否准确认识金融创新活动的风险、是否对新产品和新业务开展压力测试。“不当交易”方面检查同业投资、同业融资、资金池运作、银信之间是否存在不当交易等。“不当激励”方面检查考评指标设置、考评机制管理、薪酬支付管理等。“不当收费”方面检查是否存在以贷转存等七类违法违规行为、是否严格执行政府指导价目录和收费规定
《关于银行业风险防控工作的指导意见》	2017年4月7日	银行业金融机构要防范多头授信、过度授信、给“僵尸企业”和“空壳企业”授信、财务欺诈等风险。运用重组、转让、追偿、核销等手段处置存量不良资产。要审慎开展委外投资业务，严格委外机构审查和名单管理。不得开展滚动发售、混合运作、期限错配、分离定价的资金池理财业务。严禁与非法票据中介开展业务合作

续表

文件名	发文日期	基本内容
《关于集中开展银行业市场乱象整治工作的通知》	2017 年 4 月 7 日	梳理了银行业市场十大方面的乱象，要求银行业金融机构对照乱象的表现形式，逐一列出问题清单进行整改。要严格自查自纠，对于违反银行业内部规章制度的问题，要依规处理，对于违反银行业监管法规的问题，要依法处罚。坚持边排查边整改，边整改边教育。确保全业务覆盖、全员工参与
《关于切实弥补监管短板提升监管效能的通知》	2017 年 4 月 10 日	要求银行业金融机构排查内部管理制度的空白和漏洞，逐项增补完善。全面梳理主要股东及关联方情况，严格关联交易管理，强化对股东授信的风险审查。要强化公司治理信息披露和风险信息披露。对业务条线和分支机构实行双线问责，在问责直接责任人的同时，也要对管理不尽职、履职不到位的管理人员进行问责
《关于进一步规范银行业金融机构吸收公款存款行为的通知》	2017 年 6 月 21 日	要求银行业金融机构加强吸收公款存款业务的管理，不得设立时点性存款规模、市场份额或排名等指标。严禁银行业金融机构向公款存放相关负责人员进行利益输送。银行业金融机构要尽可能减少额外的手续和费用，尽可能避免不必要的公款存款大规模搬家

资料来源：中国银监会网站。

根据中国银监会网站公开的行政处罚信息统计，2017 年 1—6 月，在各级银监部门公开的 1334 张罚单中，有 76 家村镇银行被罚，涉及村镇银行的罚单有

131张（占罚单总数的10%左右），罚没金额超过2500万元。罚单案由可以总结为公司业务和公司治理两方面，其中主要是因业务而罚，占75.5%，其中又以信贷业务罚单为最，占比超过50%（见表2－2）。值得注意的是，在各单项案由中，“偏离主业，违规放贷”的占比最高，达到20.6%。可见，尽管本报告中数据显示村镇银行仍然坚持了支农支小的政策要求，但少数村镇银行偏离支农支小和传统信贷业务的冲动非常强烈，成为遭受监管处罚的主因。所以，未来村镇银行应把支农支小与防范风险放在同等重要的位置。

表2－2　2017年上半年村镇银行罚单案由汇总

罚单案由			罚单数目(张)	占比（%）	
公司业务	信贷	“三查”不严格	23	17.6	51.1
		偏离主业，违规放贷	27	20.6	
		贷款集中度过高	4	3.1	
		弄虚作假	4	3.1	
		资金管理问题	9	6.9	
	票据	弄虚作假	3	2.3	16.0
		违规办理业务	18	13.7	
	同业	异地存放同业	4	3.1	8.4
		违规出借同业账户	7	5.3	

续表

<table>
<tr><th colspan="3">罚单案由</th><th>罚单数目(张)</th><th colspan="2">占比（%）</th></tr>
<tr><td rowspan="7">公司治理</td><td rowspan="3">管理不到位</td><td>违反审慎经营原则</td><td>6</td><td>4.6</td><td rowspan="3">16.8</td></tr>
<tr><td>对业务监管不力</td><td>6</td><td>4.6</td></tr>
<tr><td>对员工行为监管不力</td><td>10</td><td>7.6</td></tr>
<tr><td rowspan="2">机制缺陷</td><td>前中后岗位未能分离</td><td>1</td><td>0.8</td><td rowspan="2">4.6</td></tr>
<tr><td>贷款分类不准确</td><td>5</td><td>3.8</td></tr>
<tr><td rowspan="2">违规操作</td><td>未经批准变更持有股本</td><td>1</td><td>0.8</td><td rowspan="2">3.1</td></tr>
<tr><td>转嫁成本损害客户利益</td><td>3</td><td>2.3</td></tr>
</table>

资料来源：中国银监会网站。

（2）财税政策

在财政补贴方面，2016 年 9 月 24 日，财政部印发了《普惠金融发展专项资金管理办法》，规定对符合条件的县域金融机构当年涉农贷款平均余额同比增长超过 13% 的部分，财政部门可按照不超过 2% 的比例给予奖励；对符合条件的新型农村金融机构，可按照不超过其当年贷款平均余额的 2% 给予补贴；东、中、西部地区农村金融机构（网点）可享受补贴政策的期限，分别为自该农村金融机构（网点）开业当年（含）起的 3、4、5 年内。2016 年 3 月 16 日，财政部等七部门联合印发了《关于金融助推脱贫攻坚的实施意见》，提出要继续落实涉农贷款增量奖励、农村金融机构定向费用补贴、农业保险保费补贴等政策，健全和完善贫困地区农村金融服务的正向激励机制，引导更多金融资源投向贫困地区。增强政策精准度，提高财政资金使用效益。

在税收优惠方面，2016 年 4 月 29 日，财政部、国家税务总局印发了《关于进一步明确全面推开营改增试点金融业有关政策的通知》，规定农村信用社、村镇银行、农村资金互助社、由银行业机构全资发起设立的贷款公司、法人机构在县（县级市、区、旗）及县以下地区的农村合作银行和农村商业银行提供金融服务收入，可以选择适用简易计税方法按照 3% 的征收率计算缴纳增值税。2017 年 6 月 9 日，财政部、国家税务总局联合发布的《关于延续支持农村金融发展有关税收政策的通知》提出，2017 年 1 月 1 日至 2019 年 12 月 31 日，对金融机构农户小额贷款的利息收入，免征增值税，且在计算应纳税所得额时按 90% 计入收入总额。

财政部与国家税务总局通过实施农村金融机构定向费用补贴以及减免部分税收的政策，有助于引导和鼓励金融机构主动填补农村金融服务空白、扩大农村金融服务覆盖面、促进农村金融服务体系建设，从而支持了村镇银行等农村地区金融机构的发展。

（3）货币政策

中国人民银行于 2014 年引入定向降准考核机制。通过对满足审慎经营要求且“三农”或小微企业贷款达到标准的商业银行实施优惠存款准备金率，建立正向激励机制，引导商业银行改善优化信贷结构。定向降准考核于每年 2 月进行，根据商业银行上一年度“三农”或小微企业贷款投放情况，对其存款准备金率进行动态调整。所有商业银行都属于定向降准考核范围，严格采用中国人民银行已有统计数据进行评估，无须另行上报数据或申请。

至今，定向降准考核及存款准备金率动态调整已实施三年。2016 年 2 月 25 日，中国人民银行按照定向降准相关制度，对参与定向降准金融机构 2015 年度支持“三农”和小微企业领域情况进行考核，并根据考核结果动态调整其存款准备金率。2017 年 2 月 27 日，中国人民银行根据 2016 年度金融机构信贷支农支小情况，继续实行了定向降准。包括村镇银行在内的大多数银行上年度信贷支农支小情况满足定向降准标准，可以继续享受优惠准备金率。

为了进一步完善宏观审慎政策框架，更加有效地防范系统性风险，发挥逆周期调节作用，并适应资产多元化的趋势，从 2016 年起中国人民银行开始实施宏观审慎评估体系（MPA）。MPA 从资本和杠杆、资产负债、流动性、定价行为、资产质量、跨境融资风险、信贷政策执行情况 7 个方面引导银行业加强自我约束和自律管理。在 MPA 考核制度下，央行每季度会对商业银行诸多指标进行事后评估，同时按月进行事中、事后监测和引导。MPA 是以金融业整体为监管对象，以系统性风险内生为前提条件，重点关注具有系统重要性的金融机构，弥补微观监管缺失，是自上而下的监管。

MPA 指标中，资本充足率指标居于核心地位，具有一票否决的性质。MPA 实施差别准备金利率的奖惩机制，银行需要在各项收益和成本中进行权衡。监管对社会融资规模的调节手段从原来通过直接控制银行贷款规模，转变到调控包含贷款在内的广义信贷规模，债券投资、股权及其他投资、结构化融资等其他资产业务都在 MPA 考核约束范围内。因此，在 MPA 监管下，依靠传统存贷利差和规模扩张的经营模式将受到一定约束，而低风险资产将成为商业银行未来资产配置的重点。这或给正处在扩张期的中小商业银行带来一定压力。MPA对中小银行在宏观审慎参数设置方面也有一定的倾斜支持，而且专门针对信贷政策执行情况设立考核指标，考察金融机构的贷款投向，对落实涉农和小微企业信贷政策导向效果较好的机构采取正向激励，深耕“三农”、小微等薄弱环节的中小型金融机构会得到更多政策倾斜。此外，设立不满三年的金融机构可不参与 MPA 评估。这在一定程度上缓解了中小银行的压力。

3. 村镇银行发展的政策导向

在村镇银行未来发展方面，中国银监会于 2017 年 3 月 2 日召开了村镇银行培育发展十周年新闻发布会，提出了下一步中国银监会创新培育发展村镇银行的政策设想和工作部署。中国银监会提出将着力完善村镇银行监管政策，在风险可控和商业可持续的前提下，创新村镇银行培育发展模式，不断提升农村金融服务能力和水平。一是坚定市场定位。督促村镇银行坚守“立足县域、支农支小”市场定位，支持和鼓励其积极向下延伸服务网络、丰富服务内容，深耕县域金融市场。二是持续审慎监管。在梳理前期政策的基础上，完善规制、加强监管，适时出台《村镇银行监管指引》等政策文件。三是稳妥培育发展。立足县域金融承载能力和实际需求，进一步优化金融资源配置，在确保风险可控、商业可持续的前提下，提升县市覆盖面。

（二）村镇银行发展规模

1. 银行数量

2006 年 12 月 22 日，中国银监会发布《关于调整放宽农村地区银行业金融机构准入政策更好支持社会主义新农村建设的若干意见》，村镇银行试点从四川、青海、甘肃、内蒙古、吉林、湖北 6 个省区扩大到 31 个。从我国首家村镇银行——四川仪陇惠民村镇银行挂牌成立至今，村镇银行数量的发展大致可分为三个阶段，即 2007—2009 年的萌芽阶段，2010—2011 年的扩张阶段，以及 2012 年至今的稳定阶段。经过十年的发展，2016 年年末全国村镇银行机构总数达到 1519 家，其中开业 1443 家。2016 年全国新组建村镇银行 142 家，较上年年末增加 10. 3%，增速下降 1. 4 个百分点。

在村镇银行网点数量方面，2016 年全国村镇银行营业性网点总数为 4716 个，占当年农村中小金融机构网点总数的 5.6%（见表 2－3）。在 2017 年调研中提供有效信息的 116 家调研村镇银行中，网点数（含营业部）为 1 家的村镇银行有 8 家，占 6.9%，比上年减少了 21.7 个百分点；网点数为两家的有 19 家，占 16.4%，比上年减少了 17.3 个百分点；网点数为 3 家的有 23 家，占 19.8%，比上年增加了 1.4 个百分点；网点数为 4 家的有 16 家，占 13.8%，比上年增加了 6.7 个百分点；网点数为 5 家（含）以上的有 50 家，占 43.1%，比上年增加了 31.9 个百分点。总体上来看，与 2016 年相比，村镇银行的网点数量有明显的增加。

表 2－3　2016 年农村中小金融机构从业人员、法人机构和营业性网点情况

机构名称	从业人员数(人)	从业人员占比(%)	法人机构数(个)	法人机构占比(%)	营业性网点数(个)	营业性网点占比(%)
农村信用社	297083	31.2	1125	29.7	28285	33.8
农村商业银行	558172	58.7	1114	29.5	49307	58.8
农村合作银行	13561	1.4	40	1.1	1381	1.7

续表

机构名称	从业人员数（人）	从业人员占比（%）	法人机构数（个）	法人机构占比（%）	营业性网点数（个）	营业性网点占比（%）
村镇银行	81521	8.6	1443	38.1	4716	5.6
农村资金互助社	589	0.1	48	1.3	48	0.1
贷款公司	104	<0.1	13	0.3	13	<0.1
合计	951030	100.0	3783	100.0	83750	100.0

注：表中有些数据作了四舍五入处理。

资料来源：《中国农村金融服务报告（2016）》

2. 资产规模

据中国银监会网站披露，继2015年年末村镇银行资产规模首次破万亿元以来，2016年年末全国已组建的1519家村镇银行资产规模继续突破万亿元，达到12376.9亿元，较上年年末增加了23.6%；资产规模年增量为2362亿元，增幅较上年增加了15.7%；村镇银行平均资产规模达到8.1亿元，较上年增加了12.1%。全国已有381家村镇银行资产规模在10亿元以上，其中125家超过20亿元。但随着村镇银行发展在新增数量上趋于平稳，其总资产规模增速也相应放缓，2016年村镇银行总资产规模增速较上年回落了两个百分点，但平均资产规模增速较上年增加了7个百分点。

据中国银监会网站数据（如表2－4所示），2016

年年末中国银行业金融机构总资产规模为232.3万亿元，较上年同期增长了15.8%；其中，商业银行总资产规模为181.7万亿元，较上年增长了16.6%，增幅较上年提高1个百分点，占银行业金融机构比重为78.2%。商业银行中，大型商业银行总资产规模为86.6万亿元，较上年增长了10.8%，占银行业金融机构比重为37.3%；股份制商业银行总资产规模为43.5万亿元，较上年增长了17.5%，占银行业金融机构比重为18.7%；城市商业银行总资产规模为28.2万亿元，较上年增长了24.5%，占银行业金融机构比重为12.2%；农村金融机构总资产规模为29.9万亿元，较上年增长了16.5%，占银行业金融机构比重为12.9%。

表2-4 2016年全国银行业金融机构总资产规模、增长率及占比

金融机构名称	总资产规模（万亿元）	较上年增长（%）	占银行业金融机构比重（%）
银行业金融机构	232.3	15.8	100
商业银行	181.7	16.6	78.2
其中：大型商业银行	86.6	10.8	37.3
股份制商业银行	43.5	17.5	18.7
城市商业银行	28.2	24.5	12.2
农村金融机构	29.9	16.5	12.9
其中：村镇银行	1.2	23.6	0.7

资料来源：中国银监会网站数据。

2016年村镇银行的总资产规模占商业银行业总规模的比重仅为0.7%，占农村金融机构总资产规模比重仅为4.1%，虽然其总资产规模增速趋于放缓，但仍明显高于商业银行和农村金融机构的增速，特别是平均规模增速持续上升。这在一定程度上表明，从整个银行业来说，虽然村镇银行资产规模在绝对量上仍然是非常小的，但是仍保持着稳定的发展速度。

3. 存贷款规模及其结构

根据中国银监会网站数据（如表2-5所示），截至2016年年末，全国村镇银行各项存款余额9492.9亿元，较上年增长26.9%，增速分别高于银行业平均水平10.4个和14.1个百分点[①]。

2016年全国村镇银行各项贷款余额7020.6亿元，较上年增长19.4%，增速较上年回落1.5个百分点；农户及小微企业贷款余额合计6526.0亿元，较上年增长了28.8%，占各项贷款余额的93%，占比与上年持

① 2016年全国村镇银行存款余额及相关数据来自邓传忠《下一个十年，村镇银行路在何方?》，《中国农村金融》2017年3月2日（http://www.sohu.com/a/127733219_463902）。

平；500 万元以下贷款占比约为 80%；共发放贷款 171.2 万户（笔），较上年增长了 34.0%；户均贷款余额约为 41.0 万元，比上年减少了 10.9%。总体上来说，2016 年村镇银行存贷款余额均出现明显增长，但存款余额增长更快，发放贷款户（笔）数大幅增长，户均贷款余额明显下降，村镇银行的业务规模继续稳定扩大，对农户和小微企业客户的覆盖面持续增加。

表 2－5　　2016 年全国村镇银行存贷款情况

项目	余额	较上年增长率（%）
存款余额（亿元）	9492.9	26.9
贷款余额（亿元）	7020.6	19.4
农户及小微企业贷款余额（亿元）	6526.0	28.8
共发放贷款户（笔）数［万户（笔）］	171.2	34.0
户均贷款余额（万元）	41.0	－10.9

资料来源：中国银监会网站。

根据中国银监会网站发布的银行业金融机构用于小微企业的贷款情况（如表 2－6 所示），截至 2016 年年末，银行业金融机构发放小微企业贷款约 26.7 万亿元，其中，商业银行发放小微企业贷款合计约 20.3 万亿元，国有商业银行发放小微企业贷款合计约 6.6 万亿元，股份制商业银行发放小微企业贷款合计约 3.9 万亿元，城市商业银行发放小微企业贷款合计约4.5万亿元，农村商业银行发放小微企业贷款合计约5.0万亿元。尽管2016年村镇银行发放农户及小微企业贷款合计仅为商业银行小微企业贷款合计的3.2%，仅为农村商业银行小微企业贷款合计的13.1%，但考虑到其总资产规模仅为商业银行的0.7%和农村金融机构的4.1%[①]，其支农支小的特色还是得以充分体现。村镇银行已成为稳定县域、支农支小的新生力量，在激活农村金融市场、健全农村金融体系、发展普惠金融和支持农村经济社会发展方面发挥了重要作用。

表2-6 2016年银行业金融机构用于小微企业的贷款情况

机构名称	发放贷款额（万亿元）	占全部金融机构比重（%）
银行业金融机构	26.7	100
其中：商业银行	20.3	76.0
其中：国有商业银行	6.6	24.7
股份制商业银行	3.9	14.6

① 本报告调研的116家村镇银行在2016年的小微企业和农户贷款余额平均占比为93%，进一步证明了村镇银行支农支小的特色。参见本章第（五）部分“村镇银行社会绩效”。

续表

机构名称	发放贷款额（万亿元）	占全部金融机构比重（%）
城市商业银行	4.5	16.9
农村商业银行	5.0	18.7
村镇银行	0.7	2.6

资料来源：中国银监会网站。

4. 存贷款之外的其他业务

除存贷款业务之外，有少数村镇银行开展了诸如支付结算、同业往来、代理理财产品、少量委托贷款业务、上门代收款等其他业务。在本次调研中提供有效信息的116家调研村镇银行中，开展了代售理财产品业务的有10家，开展快捷支付业务的有34家，开展商户收单业务的有43家。各行开展这些业务的收入占该行总收入的比重均低于1%。由此可以判断，大多数村镇银行专注于基本的存贷款业务，也有一些村镇银行开始重视支付结算业务。如银联支付、支付宝绑卡支付和微信绑卡支付等支付结算业务，有助于村镇银行借助地缘、亲缘、业缘开拓客户群体，有可能成为其在业务上打破客户地域局限、建立更为广泛和稳定的客户网络的重要技术支撑。

（三）村镇银行分布

1. 注册地与网点分布

中国银监会数据显示，截至2016年年末，全国已组建村镇银行1519家，其中已开业1443家，正在筹建中的有76家。已开业的村镇银行注册地按照东中西部地区划分，东部地区成立509家，约占村镇银行总数的35.27%；中部地区成立526家，约占村镇银行总数的36.45%；西部地区成立408家，约占村镇银行总数的28.28%（如图2-1所示）。2016年年末全国开业村镇银行较上年末增加132家，其中东部地区增加32家，中部地区增加51家，西部地区增加49家。

按照省级行政区域来看，2016年年末，在东部地区10个省（市）中平均每省（市）有村镇银行约52家，其中最多的是山东省，有126家；中部地区9个省份中平均每省有村镇银行61家，其中最多的是河南省和山西省，各有77家；西部地区12个省（市、区）中平均每地区有村镇银行36家，其中最多的是内蒙古，

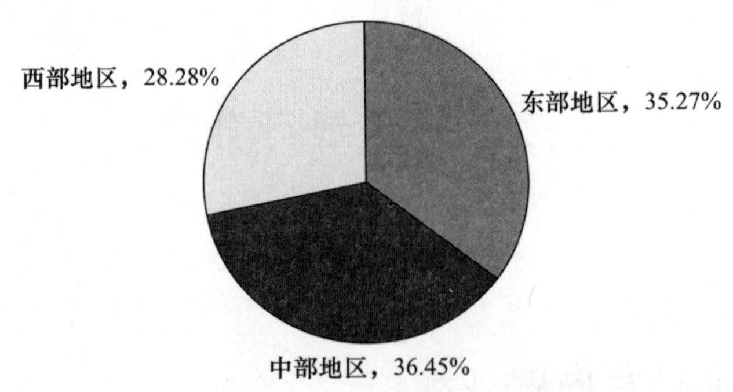

图2-1　2016年年末全国村镇银行注册地分布情况

注：东部地区10个省（市），包括北京、天津、河北、上海、江苏、浙江、福建、山东、广东、海南；中部地区9个省，包括山西、安徽、江西、河南、湖北、湖南、黑龙江、吉林、辽宁；西部地区12个省（市、区），包括内蒙古、广西、重庆、四川、贵州、云南、西藏、陕西、甘肃、青海、宁夏和新疆。

资料来源：中国银监会公布数据。

有73家（见图2-2）。值得一提的是，吉林、辽宁、江苏、湖北、海南、上海、天津、重庆、宁波和青岛10省（市）已经实现县域全覆盖。山东、安徽、浙江县域覆盖率已超过90%。

从村镇银行注册地在我国地图上的分布情况可以看出，东部地区在山东、北京、天津、河北、江苏、浙江、上海沿海一带村镇银行分布比较密集。中部地区在河南、安徽一带分布较为密集。西部地区在云南、贵州一带分布较为密集（见图2-3）。

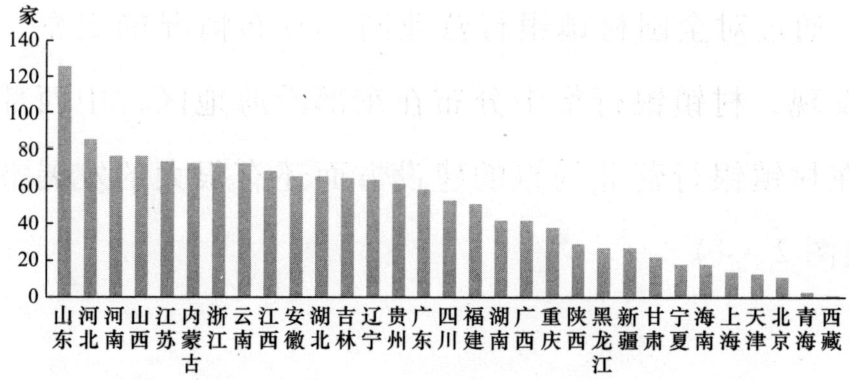

图 2－2　截至 2016 年年末各省级行政地区村镇银行数量

资料来源：中国银监会公布数据。

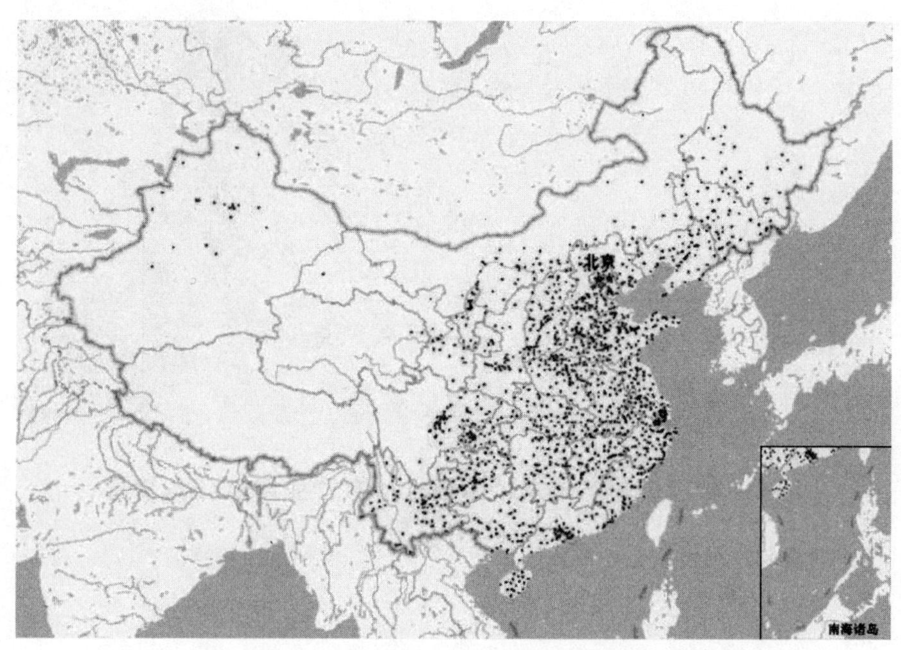

图 2－3　2016 年年末全国村镇银行地区分布情况

资料来源：中国银监会公布数据。

通过对全国村镇银行营业网点分布情况的观察，可以发现，村镇银行集中分布在东部沿海地区，中西部地区在村镇银行营业网点的建设方面还有很大的发展空间（见图2－4）。

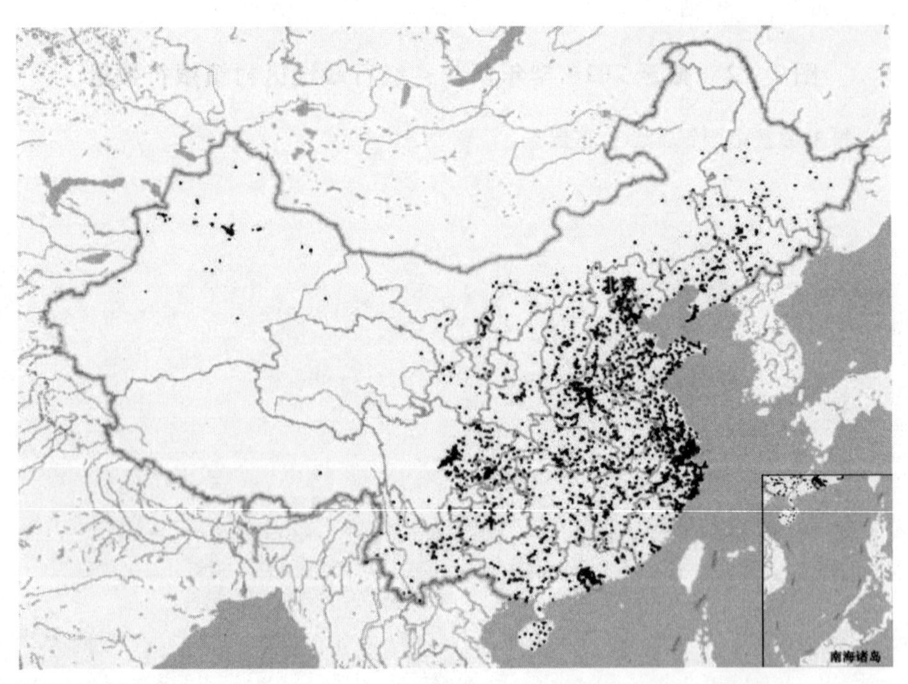

图2－4　2016年年末村镇银行所有营业网点分布情况

资料来源：中国银监会公布数据。

2. 贫困地区分布

根据我国地区经济发展不平衡的实际情况，中国银监会决定实施准入挂钩政策，即“东西挂钩，城乡挂钩，发达与欠发达地区挂钩”，其中贫困地区主要分布在中西部地区。在全国832个国家扶贫开发工作重点县和集中连片特殊困难地区县中，已设有401家村镇银行（西藏除外），因为存在一县多行的情况，因此贫困县覆盖率应该在48.2%以下。可见，村镇银行设立在国定贫困县的占比尚未过半，对进一步实施中国银监会的准入挂钩政策还有很大的空间，普惠金融的力度还有待加强。

（四）村镇银行财务绩效

1. 流动性指标

（1）流动性比例

在流动性比例方面，根据中国银监会发布的信息，2016年全国村镇银行流动性比例为77.1%。本报告调研中提供有效信息的116家调研村镇银行的2016年流动性比例均值为72.9%，略低于全国总体水平，比上年降低了约两个百分点。其中，流动性比例最低的50%的村镇银行其流动性比例在21%—62%；流动性比例最低的75%的村镇银行其流动性比例小于85.7%；有17.2%的村镇银行的流动性比例超过100%。116家调研村镇银行2015年流动性比例均值为74.9%，其中，流动性比例最低的50%的村镇银行其流动性比例在30%—66.8%，流动性比例最低的75%的村镇银行其流动性比例小于93.4%，有19.9%的村镇银行的流动性比例超过100%。

（2）存贷比

在存贷比方面，2016年116家调研村镇银行存贷比均值为83.9%，较上年下降了1.1个百分点。其中，有49.1%的村镇银行存贷比小于75%，有64.7%的村镇银行存贷比小于85%，有20%的村镇银行存贷比超过100%。2015年，116家调研村镇银行存贷比均值为86.5%，其中，有42.2%的村镇银行存贷比小于75%，有61.2%的村镇银行存贷比小于85%，有20.7%的村镇银行存贷比超过100%。①

（3）小结

① 本报告中，存贷比的计算公式为：存贷比＝年末贷款余额/年末存款余额，村镇银行存贷比超过100%的原因可能是村镇银行吸引到了资金的回流，比如获得了当地人民银行拨付的再贷款或主发起行拨付的款项。

根据中国银监会网站发布的2016年商业银行主要监管指标情况（如表2－7所示），2016年年末商业银行流动性指标中，流动性比例为47.6%，存贷比为67.6%；2015年年末商业银行流动性指标中，流动性比例为48.0%，存贷比为67.2%。对比可知，2015年与2016年116家调研村镇银行的流动性比例和存贷比指标均明显高于监管指标，流动性风险总体上较小。与2015年相比，2016年的流动性比例和存贷比指标总体上均保持稳定但略有下降，与监管指标的趋势保持一致。但是，116家村镇银行流动性指标的最大值和最小值之间的差距非常大，2016年流动性比例最大值是最小值的12倍，且这一差距比上年有所扩大，流动性比例最低的50%的村镇银行之间的差距加大，流动性比例最高的25%的村镇银行总体取值下降；存贷比最大值是最小值的22.9倍，其差距比上年也有增加，存贷比最低的50%的村镇银行之间的差距缩小，但存贷比最高的25%的村镇银行之间的差距明显增加。可推断，75%的村镇银行的流动性风险指标差异缩小，但其与发展最好的25%的村镇银行的差距在扩大。

表 2－7　2015—2016 年 116 家调研村镇银行流动性指标情况

单位:%

	流动性指标			存贷比		
	均值	比例最低的50%的村镇银行取值区间	比例最高的25%的村镇银行取值区间	均值	比例最低的50%的村镇银行取值区间	比例最高的25%的村镇银行取值区间
2016 年监管指标	47.6	—	—	67.6	—	—
2016 年 116 家调研村镇银行	72.9	21.1—61.8	85.7—253.2	83.9	13.4—75.1	92.2—306.5
2015 年监管指标	48.0	—	—	67.2	—	—
2015 年 116 家调研村镇银行	74.9	30.0—66.8	93.4—260.1	86.5	12.6—79.9	95.9—276.9

资料来源：监管指标为中国银监会网站数据，116 家调研村镇银行数据为调研数据。

2. 效益性指标

（1）资产利润率与资本利润率

根据 116 家调研村镇银行调研数据可知，从资产利润率来说，2016 年其资产利润率均值为 1.8%，比上年增长了约 0.8 个百分点。其中，资产利润率为负的村镇银行数量占比为 7.8%，比上年下降了 1.7 个百分点；资产利润率为 0—1% 的占比为 29.2%，比上年提高了 12.7 个百分点；资产利润率为 1%—2% 的占比为 45.7%，比上年下降了2.3个百分点；资产利润率超过2%的占比为17.3%，比上年下降了8.7个百分点（见图2－5）。

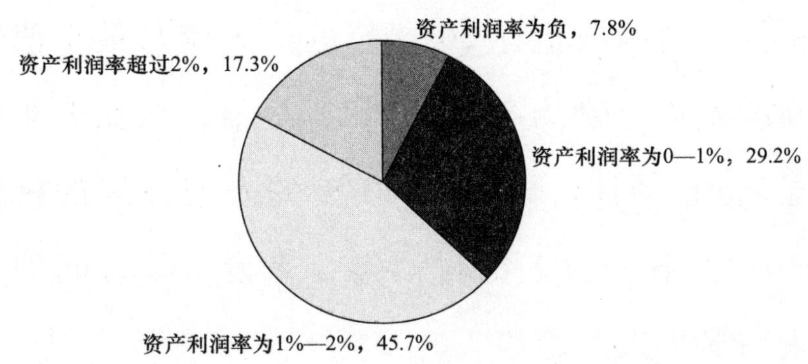

图2－5 2016年116家调研村镇银行资产利润率分布情况

从资本利润率来说，2016年116家调研村镇银行资本利润率均值为11.4%，比上年下降了0.6个百分点。其中，资本利润率为负的村镇银行数量占比为7.8%，比上年下降了1.7个百分点；资本利润率为0—10%的占比为39.6%，比上年提高了4.3个百分点；资本利润率为10.1%—20%的占比为39.7%，比上年上升了3.5个百分点；资本利润率超过20%的占比为12.9%，比上年下降了6.1个百分点（见图2－6）。

总体上来看，2016 年 116 家调研村镇银行的资产利润率更多地回归于 0—2%，其资本利润率更多地回归于 0—20%，对于近 70% 的村镇银行，其此两项指标趋于稳健，而两项指标 2016 年的最大值与最小值绝对值之间的差距分别为 32.5 倍和 3.2 倍，均比上年出现了明显增加，同时，对于约 10% 的表现极好的村镇银行和 20% 的表现较差的村镇银行来说，其之间的差距也出现明显扩大的趋势。

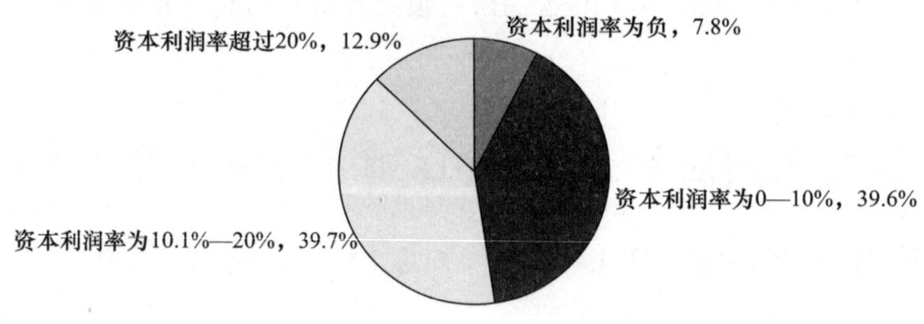

图 2-6 2016 年 116 家调研村镇银行资本利润率分布情况

根据中国银监会发布的数据，商业银行资产利润率和资本利润率连续六年持续下降，资产利润率从 2011 年的 1.3% 下降到 2016 年的 1.0%，特别是 2015 年下降幅度较大；资本利润率从 2011 年的 20.4% 下降到

2016 年的 13.4%，下降了 7 个百分点，特别是 2014 年和 2015 年连续两年出现大幅度下降。与之相对应的是，主要涉农金融机构的资产利润率在经历了持续数年的增长之后，纷纷于 2013 年或 2015 年开始呈现下降趋势。而各机构资本利润率在数年中有升有降，但 2015 年开始均出现大幅下降。其中，邮政储蓄银行 2015 年较上年下降了 4.5 个百分点，农村商业银行下降了 3.2 个百分点，农村合作银行下降了 2.1 个百分点，农村信用社下降了 3.3 个百分点。值得注意的是，新型农村金融机构虽然也出现了下降，但下降幅度明显较小，2015 年其资本利润率仅比上年下降了 0.7 个百分点，2016 年比上年也仅下降了 1.8 个百分点。而 116 家调研村镇银行的资产利润率甚至在 2016 年出现了上升，比上年上涨了 0.7 个百分点，其资本利润率比上年仅下降了 0.6 个百分点，这在各涉农金融机构中是绝无仅有的（见表 2－8）。

（2）净利润与成本收入比

根据 116 家调研村镇银行的调查数据，2016 年其净利润均值为 2266.9 万元，比上年增长了 3.8%；其成本收入比均值为 51.6%，比上年下降了 19.1 个百分点。其中，成本收入比在 20%—40% 的村镇银行占比

表 2－8　2007—2016 年商业银行及主要涉农金融机构盈利水平状况

单位：%

机构名称		2007年	2008年	2009年	2010年	2011年	2012年	2013年	2014年	2015年	2016年
商业银行	资产利润率	—	—	—	—	1.3	1.3	1.3	1.2	1.1	1.0
	资本利润率	—	—	—	—	20.4	19.9	19.2	17.6	15.0	13.4
邮政储蓄银行	资产利润率	—	—	—	0.4	0.6	0.6	0.6	0.6	0.5	0.5
	资本利润率	—	—	—	25.4	32.2	27.9	23.2	19.8	15.3	12.9
农村商业银行	资产利润率	0.7	0.8	0.8	1.0	1.2	1.3	1.3	1.4	1.1	1.0
	资本利润率	12.9	13.7	13.4	13.8	15.4	15.9	15.9	17.2	14.0	13.1
农村合作银行	资产利润率	0.8	1.0	1.1	1.2	1.3	1.3	1.3	1.2	1.0	0.6
	资本利润率	13.3	15.9	15.9	16.1	17.1	16.6	14.9	13.0	10.9	7.3
农村信用社	资产利润率	0.5	0.4	0.4	0.4	0.7	0.8	0.9	1.0	0.8	0.7
	资本利润率	10.4	9.9	9.7	8.3	15.3	16.3	16.1	17.4	14.1	11.8
新型农村金融机构	资产利润率	—	—	—	—	—	—	—	1.4	1.3	1.0
	资本利润率	—	—	—	—	—	—	—	10.1	9.4	7.6
村镇银行	资产利润率	—	—	—	—	—	—	—	—	1.1	1.8
	资本利润率	—	—	—	—	—	—	—	—	12.0	11.4

资料来源：116 家调研村镇银行数据来自调研数据，其他数据来源于中国银监会网站、《中国农村金融服务报告（2016）》。

为33.6%，比上年上升4.3个百分点；成本收入比在40%—60%的占比为44.8%，比上年下降3.5个百分点；成本收入比在60%—80%的占比为11.2%，比上年上升1.7个百分点；成本收入比超过80%的村镇银行占比为10.4%，比上年下降2.6个百分点。总体来看，116家调研村镇银行的成本收入比指标的最大值与最小值的差距明显减小，村镇银行在各比例区间的分布虽然有升有降，但总体上呈现出收缩趋势（见图2－7）。

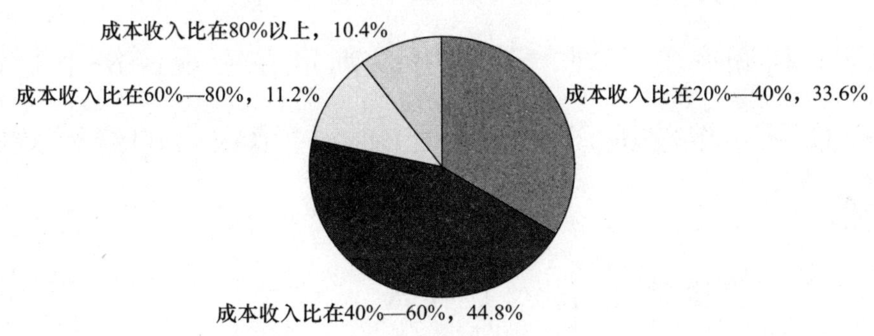

图2－7　2016年116家调研村镇银行成本收入比分布情况

根据中国银监会数据，商业银行净利润从2011年的10412亿元增长至2016年的16490亿元，一直保持稳定增长态势，但2015年以来增长明显放缓，2016年比上年仅增长了3.5%。而商业银行成本收入比则从

2011 年的 33.4% 下降至 2015 年的 30.6%，但在 2016 年回升至 31.1%，这或许在一定程度上说明商业银行总体上获取收入难度的增加。若以此为参照标准，则 116 家调研村镇银行的情况明显更加乐观。相较于 2015 年，2016 年其不仅保持了略高于商业银行总体水平的净利润增长率，而且成本收入比也出现大幅下降。虽然其成本收入比明显高于商业银行总体水平，但是，考虑到村镇银行“服务‘三农’，支农支小”的业务定位必然带来的高操作成本的现实基础，再结合其资产利润率和资本利润率的表现，基本可以判定在宏观经济下行的大背景下，相较于其他金融机构，村镇银行的经营效益更优。

（3）非贷款业务[①]及其收入

在非贷款业务方面，2016 年 116 家调研村镇银行的主要其他业务包括同业存款业务、票据业务和代售理财产品业务。非贷款业务收入占总收入的比重均值为 15.5%，比上年下降约 0.3 个百分点；其中，近 10%

① 因未能收集到非利息收入数据，且考虑到村镇银行主要非利息收入业务情况，本报告采用票据业务、同业存款业务和代售理财产品业务收入作为村镇银行非贷款业务收入，替代其非利息收入进行分析。

的村镇银行的非贷款业务收入超过总收入的1/3，基本上与上年持平。非贷款业务中，同业存款业务收入占比最大，2016年同业存款业务收入占非贷款业务收入的比重为89.4%，比上年下降1.4个百分点，其占总收入的比重为12.9%；其次为票据业务，其收入占非贷款业务收入的比重为4.2%，比上年下降约1.2个百分点，其占总收入的比重为0.7%；代售理财产品收入占比最少，仅为3.0%，比上年上涨约1.7个百分点，其占总收入的比重为0.5%（见图2-8）。

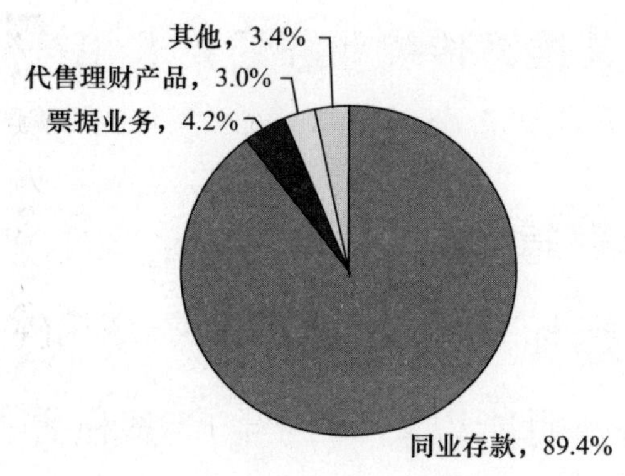

图2-8 2016年116家调研村镇银行非贷款业务收入构成及占比情况

根据中国银监会数据，商业银行非利息收入占比从2010年的17.5%上升至2016年的23.8%，上涨了6.3

个百分点，但2015年以来其增速明显放缓，2016年与上年数据基本持平，仅上涨了约0.1个百分点。若参照该数据，总体上来说，村镇银行对贷款业务的依赖比较重，非贷款业务比较单一，且收入占比较小。在监管部门对审慎经营规则的持续强调下，村镇银行同业存款业务和票据业务作为主要的非贷款业务呈现出一定的收缩趋势，代售理财产品业务虽有上升趋势，但其收入基数较小，短期内难以成为村镇银行盈利能力增长的重要驱动力。考虑到村镇银行目前所处的发展阶段，其尚不具有充分的驾驭其他业务的能力，因而这一盈利能力状况与监管部门对其维系传统业务的要求相符。

3. 经营效率指标

经营效率指标通常用劳动生产率和贷款成本来表示，提高效率表明能以更高的生产率和更低的成本服务客户，一般采用平均每个员工管理的客户数、每个信贷员管理的客户数、每个网点管理的客户数和每个信贷员管理的贷款额度等指标来评价[①]。本报告采用这四个指

① 转引自刘文璞、张保民、孙同全、张红《小额信贷管理》，社会科学文献出版社2011年版。

标来衡量村镇银行的经营效率。

根据116家调研村镇银行的数据（如表2－9所示），2016年116家调研村镇银行员工数量均值为96.9人，信贷人员数量均值为31.5人，网点数量均值为5.9个。通过计算可得，116家调研村镇银行平均每个员工管理的客户数均值为27.8户，其中，66.4%的村镇银行取值在均值以下，13.8%的村镇银行平均每个员工管理的客户数超过50户；平均每个信贷员管理的客户数均值为91.9户，其中，67.2%的村镇银行取值在均值以下，28.4%的村镇银行平均每个信贷员管理的客户数超过100户；平均每个网点管理的客户数均值为530.7户，其中，62.9%的村镇银行取值在均值以下，12.1%的村镇银行平均每个网点管理的客户数超过1000户；平均每个信贷员管理的贷款额度均值为4185.3万元，71.6%的村镇银行取值在均值以下。

表2－9　2016年116家调研村镇银行经营效率指标情况

项目	均值	最小值	最大值
平均每个员工管理的客户数（户）	27.8	3.2	142.6
平均每个信贷员管理的客户数（户）	91.9	9.7	599.4

续表

项目	均值	最小值	最大值
平均每个网点管理的客户数（户）	530.7	61.9	2665.0
平均每个信贷员管理的贷款额度（万元）	4185.3	314.8	15116.8

资料来源：116 家调研村镇银行报送数据。

各村镇银行的四个经营效率指标差异非常大，平均每个员工管理的客户数的最大值是最小值的 44.6 倍，平均每个信贷员管理的客户数的最大值是最小值的 61.8 倍，平均每个网点管理的客户数的最大值是最小值的 43.1 倍，平均每个信贷员管理的贷款额度的最大值是最小值的 48.0 倍。由于缺乏官方发布的权威指标作为参照，所以难以将村镇银行的这类指标与其他涉农金融机构进行对比并依此判断其员工效率。但根据以往调查经验，与其他类型商业银行和涉农金融机构相比，116 家调研村镇银行平均每个员工管理的客户数指标、平均每个信贷员管理的客户数指标和平均每个网点管理的有效客户数指标均处于中等略低水平，这与村镇银行支农支小的业务定位有一定的关系，也可能是因为部分村镇银行开业时间较短，员工工作量还远远没有达到饱和状态。农户和小微企业贷款业务往往由于有效抵押担保不足，而需投入更多人力物力进行贷前尽调、贷时审查和贷后跟踪，以便有效控制风险，虽然这些工作未来有望通过技术手段得到解决，但在当前条件下，其仍需要信贷员勤跑多查，因此村镇银行信贷员和网点管理客户的数量较少体现了其对业务规模扩张和风险控制的权衡，短期内应该会保持稳定，除非金融科技的普及使其可以以较低的成本兼顾业务扩张和有效风控，否则这类指标难有大的提升。而各村镇银行这类指标差距较大的原因，一方面可能与其目标客户的选择有关，另一方面可能与其金融科技的采纳程度有一定的关系。一些村镇银行重视农户小额贷款业务，进行整村授信并设计差异化的有针对性的信贷产品，信贷员常驻于所负责片区开展业务，可能其管理的户数较多，但其平均管理的贷款金额较小；而对于那些重视小微企业业务的村镇银行来说，其员工管理的户数相对较少，但其平均管理金额较大。同时，相对于农村居民客户，科技金融手段在县镇客户中更为普及，因而将县镇客户作为主要目标客户的村镇银行，其经营效率指标可能表现更好。因此，这类指标差异较大的现象可在一定程度上反映出村镇银行业务定位的分化。

4. 风险指标

根据对116家调研村镇银行的调查数据，2016年其不良贷款率均值为1.3%，比上年增长了0.3个百分点。其中，不良贷款率低于1%的村镇银行占比为43.1%，比上年减少12.9个百分点；不良贷款率在1%—2%的村镇银行占比为31.9%，比上年增加4.3个百分点；不良贷款率高于2%的村镇银行占比为25%，比上年增加8.6个百分点（如图2－9所示）。其贷款拨备率均值为3.5%，比上年增加了约0.2个百分点。其中，贷款拨备率低于3%的村镇银行占比为44.0%，比上年减少6个百分点；贷款拨备率在3%—5%的村镇银行占比为42.2%，比上年增加3.5个百分点；贷款拨备率高于5%的村镇银行占比为13.8%，比上年增加2.6个百分点（如图2－10所示）。资本充足率均值为19.7%，比上年下降了2.3个百分点。其中，资本充足率低于15%的村镇银行占比为26.7%，比上年增加5.2个百分点；资本充足率在15%—20%的村镇银行占比为35.4%，比上年减少3.4个百分点；资本充足率高于20%的村镇银行占比为37.9%，比上年减少1.7个百分点（如图2－11所示）。

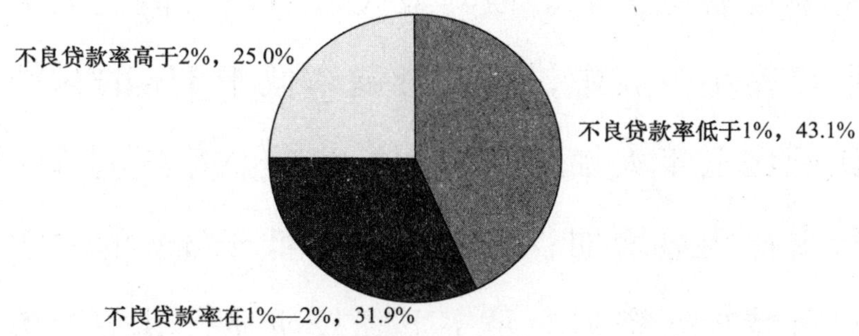

图2－9　2016年116家调研村镇银行不良贷款率分布情况

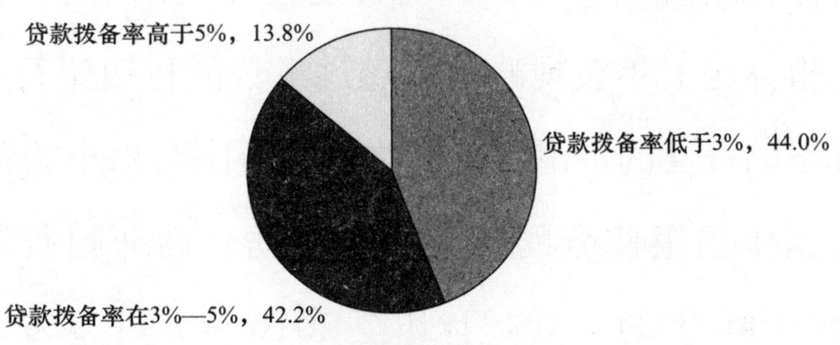

图2－10　2016年116家调研村镇银行贷款拨备率分布情况

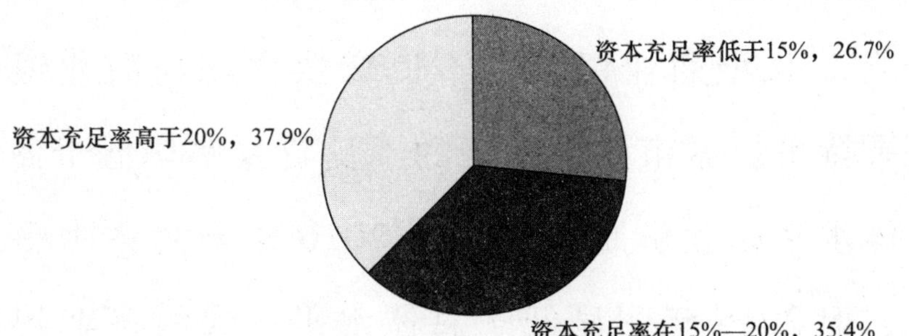

图2－11　2016年116家调研村镇银行资本充足率分布情况

总体来看，116 家调研村镇银行的不良贷款率和贷款拨备率均略有上涨，但其最大值与最小值之间的差距均有明显缩小。其中，不良贷款率低于1%的村镇银行所占比例比上年大幅减少，而不良贷款率超过2%的村镇银行占比明显增加；贷款拨备率低于3%的村镇银行占比也有减少。资本充足率下降较明显，其最大值与最小值之间的差距有所增加，资本充足率低于15%的村镇银行占比也出现明显增加。简言之，116 家调研村镇银行的风险指标比上年表现略差，超过半数的村镇银行风险指标出现不同程度的下滑，但其之间的差距有缩小的趋势。

根据中国银监会网站发布的数据，商业银行不良贷款率从2011 年的1.0%上升至2016 年的1.7%，六年间上升了0.7 个百分点，特别是2015 年出现大幅上升，当年比上年上升了0.4 个百分点。分机构来看，2015—2016 年，大型商业银行的不良贷款率均与商业银行总体水平持平；城市商业银行的不良贷款率均低于商业银行总体水平；股份制商业银行2016 年与总体水平基本持平，但2015 年明显低于总体水平；农村商业银行不良贷款率最高，两年均超过总体水平约0.8 个百分点；2016 年村镇银行总体的不良贷款率为1.8%，略高于商业银行总体水平。而 116 家调研村镇银行 2015 年的不良贷款率仅为 1.0%，2016 年虽有所上升，也仅为 1.3%，不仅明显低于村镇银行总体水平，而且大大低于商业银行总体水平。

从贷款拨备率来看，商业银行总体的贷款拨备率基本稳定但逐年略有上升，2015 年比上年增加了 0.1 个百分点，2016 年比上年增加了约 0.1 个百分点。分机构的贷款拨备率数据未采集到，不便进行比较。但 116 家调研村镇银行 2015 年和 2016 年的贷款拨备率均明显高于商业银行总体水平，其 2015 年的贷款拨备率比商业银行总体水平高 0.3 个百分点，2016 年比上年增长了 0.2 个百分点，比商业银行总体水平高 0.4 个百分点。

从资本充足率来看，2011 年以来，商业银行总体资本充足率逐年在 12%—13.5% 波动，其中 2013—2014 年波动最为剧烈，年波动幅度接近 1 个百分点，2013 年资本充足率最低，为 12.2%，2015 年最高，为 13.5%，2016 年比上年下降了 0.2 个百分点。分机构来看，2015 年和 2016 年，股份制商业银行和城市商业银行的资本充足率均明显低于商业银行总体水平；农村商业银行与商业银行总体水平接近，大型商业银行则比商业银行总体水平高约 1 个百分点；村镇银行加权平均资本充足率最高，为 21.7%，远高于其他各类机构。值得注意的是，116 家调研村镇银行的资本充足率虽低于全国村镇银行平均水平，且与商业银行总体资本充足率下降的趋势相一致，2016 年比上年有所下降，但仍连续两年远高于商业银行总体水平和大型商业银行水平（见表 2－10）。

表 2－10　2015—2016 年商业银行风险指标情况　单位：%

机构名称	不良贷款率		贷款拨备率		资本充足率	
	2016 年	2015 年	2016 年	2015 年	2016 年	2015 年
商业银行	1.7	1.7	3.1	3.0	13.3	13.5
其中：大型商业银行	1.7	1.7	—	—	14.2	14.5
股份制商业银行	1.7	1.5	—	—	11.6	11.6
城市商业银行	1.5	1.4	—	—	12.4	12.6
农村商业银行	2.5	2.5	—	—	13.5	13.3
全国村镇银行	1.8	—	—	—	21.7	—
116 家调研村镇银行	1.3	1.0	3.5	3.3	19.7	22.0

资料来源：116 家调研村镇银行数据来源于各行报送数据，其他数据来源于中国银监会网站。

根据《中国农村金融服务报告（2016）》披露的数据，2016 年全金融机构涉农不良贷款余额同比增长了 8.7%，其中，村镇银行同比增长最多，增长了 44.9%，其次为中资中型银行和农村商业银行；然而，村镇银行涉农不良贷款率却是最低的，仅为 1.7%，同比增长了 0.3 个百分点（如表 2－11 所示）。这一现象可以解释为，村镇银行涉农不良贷款余额的增加是伴随其涉农业务规模的扩张而产生的，涉农贷款不良贷款率还是很低的，在一定程度上说明村镇银行适应并比较好地掌握了支农支小的信贷业务技术。结合上文的风险指标分析，可推知村镇银行的风险指标总体表现较好，符合中国银监会对其“主要监管指标持续符合监管要求，风险总体可控”的判断。

表 2－11　　2016 年金融机构涉农不良贷款

机构名称	涉农不良贷款余额（亿元）		涉农不良贷款占比（%）	
	本期	同比增长	本期	同比增减百分点
全金融机构	8649	8.7	3.1	0.0
中资全国性大型银行	3043	13.9	2.9	0.3
中资中型银行	1349	34.3	2.0	0.3
中资小型银行	2095	28.3	2.6	0.1

续表

机构名称	涉农不良贷款余额（亿元）		涉农不良贷款占比（%）	
	本期	同比增长	本期	同比增减百分点
其中：农村商业银行	1554	30.6	2.9	0.1
农村合作银行	58	-27.1	3.3	0.7
村镇银行	93	44.9	1.7	0.3
农村信用合作社	2161	-18.4	8.0	-0.2

资料来源：《中国农村金融服务报告（2016）》。

（五）村镇银行社会绩效

社会绩效概念是由企业社会责任概念发展而来，但二者并不等同。世界银行对社会责任的定义是，企业与关键利益相关者的关系、价值观、遵纪守法以及尊重人、社区和环境有关的政策和实践的集合，是企业为改善利益相关者的生活质量而贡献于可持续发展的一种承诺。社会绩效是社会责任准则、社会响应过程和企业为解决社会问题而制定的政策之间相互作用的结果，社会绩效为衡量企业与社会关系的强度提供了一个极具价值的标准。[①]

① 转引自刘文璞、张保民、孙同全、张红《小额信贷管理》，社会科学文献出版社2011年版。

国际知名的小额信贷促进机构安信永（ACCION）建立了六维社会绩效框架（即 SOCIAL 评价工具），从机构的信贷政策、业务发展状况和客户反馈等方面来判断其社会绩效，六个维度分别是：社会使命、覆盖范围、客户服务、信息透明与消费者保护、与社区的关系以及员工劳动环境（如表 2－12 所示）。

表 2－12　　安信永 SOCIAL 评价工具的维度和指标

维度	指标
1. 社会使命	社会使命的清晰度 对员工的职责和理解的证据 衡量社会使命的完成程度
2. 覆盖范围	覆盖广度和覆盖深度 客户的人口统计和贫困信息 为没有金融服务覆盖的人群所提供的产品和服务
3. 客户服务	客户满意度 所提供产品和服务的充足性 客户反馈意见获取机制
4. 信息透明与消费者保护	透明的价格/报告 消费者保护措施
5. 与社区的关系	与周边社区的关系 对社会福祉的贡献
6. 员工劳动环境	员工满意度 员工反馈意见获取机制

资料来源：Rekha Reddy，“Guidelines to Evaluate Social Performance”，*ACCION InSight*，No. 24，2007.

本报告拟结合村镇银行的实际发展状况，有选择地借鉴安信永的SOCIAL评价工具，对村镇银行的社会绩效进行综合评价。首先，通过分析116家调研村镇银行的存贷款结构，评价其支农支小社会使命的践行程度；其次，通过分析其客户结构与户均贷款余额，评判其覆盖的广度和深度；最后，根据调研中观察到的情况，分析其在客户服务、信息透明与消费者保护、与社区的关系以及员工保护方面的社会绩效。

1. “支农支小”——存贷款结构

(1) 存贷款余额

根据2017年的调查数据（如表2-13所示），116家调研村镇银行2016年年末存款余额为153137.5万元，比上年增长23.4%。其占当地各项金融机构存款余额的比重为7.3%，比上年提高了0.3个百分点。相较于2015年，2016年116家调研村镇银行的存款余额有明显增长，但是，其占当地各项金融机构存款余额的比重只是略有增加，说明其存款增长只是略快于当地金融机构的平均水平。

2016年116家调研村镇银行年末贷款余额为

112222.2万元，比上年增长17.3%。其中，71.6%的村镇银行年末贷款余额在均值以下，而2015年有68.1%的村镇银行年末贷款余额在均值以下。116家调研村镇银行2016年年末贷款余额占当地各项金融机构贷款余额的比重为9.2%，比上年提高了0.5个百分点。其中，68.1%的村镇银行的占比在均值以下，7.8%的村镇银行贷款余额占当地各项金融机构年末贷款余额的比重超过了10%。其2015年平均占当地各项金融机构贷款余额的比重为8.7%。其中，69.8%的村镇银行的占比在均值以下，9.5%的村镇银行贷款余额占当地各项金融机构贷款余额的比重超过了10%。相较于2015年，2016年116家调研村镇银行的贷款余额也有明显增长，其占当地各项金融机构贷款余额的比重也略有增加。

表2-13　2015—2016年116家调研村镇银行存贷款情况

项目	2016年			2015年		
	均值	最小值	最大值	均值	最小值	最大值
年末存款余额（万元）	153137.5	14148.7	1299590	124083.2	9219.3	1071604
占当地各项金融机构的比重（%）	7.3	0.1	100	7.0	0.4	100

续表

项目	2016 年			2015 年		
	均值	最小值	最大值	均值	最小值	最大值
年末贷款余额（万元）	112222.2	4092.4	789186.5	95669.8	3580.9	544750.2
占当地各项金融机构的比重（%）	9.2	0.0	100	8.7	0.2	100

资料来源：116 家调研村镇银行报送数据。

由上述分析可知，116 家调研村镇银行存贷款的增长均略快于当地金融机构的平均增长水平。考虑到其 2016 年贷款余额占当地各项金融机构贷款余额的比重为 9.2%，明显高于其存款余额占当地各项金融机构存款余额的比重（7.3%），且贷款占比比上年提高了 0.5 个百分点，也略高于存款占比比上年提高的百分点，可以看出村镇银行将资金用于当地，致力于支持当地经济的事实，以及其“立足县域、服务社区”的发展方向。

（2）农户贷款

2016 年 116 家调研村镇银行年末农户贷款余额为 52505.3 万元，比上年增长 22.3%。其中，73.3% 的村镇银行年末农户贷款余额在均值以下，而 2015 年有 68.1% 的村镇银行年末农户贷款余额在均值以下。2016 年其占各项贷款的比重为48.7%，比上年增加0.6个百分点。其中，51.7%的村镇银行的余额占比低于50%，22.4%的村镇银行余额占比超过了75%。2015年其占各项贷款的比重为48.1%，其中，53.5%的村镇银行的余额占比低于50%，21.6%的村镇银行余额占比超过了75%。由此可知，相较于2015年，2016年116家调研村镇银行农户贷款余额有明显增长，且超过了年末总贷款余额的增长速度；而其占各项贷款的比重基本与上年持平，略有增长。超过一半的村镇银行的农户贷款占比不足各项贷款的50%（见表2－14）。

表2－14　2015—2016年116家调研村镇银行农户贷款情况

项目	2016年			2015年		
	均值	最小值	最大值	均值	最小值	最大值
年末农户贷款余额（万元）	52505.3	0	410033.2	42930.6	0	365241.8
占各项贷款比重（%）	48.7	0	97.3	48.1	0	99.0

资料来源：116家调研村镇银行报送数据。

根据《中国农村金融服务报告（2016）》披露的数据，2016年银行业金融机构农户贷款余额达到70846亿元，其中村镇银行仅为3234亿元，占全部金融机构的比重仅为4.6%，占中资小型银行的比重也仅为10.6%。同时，其同比增长了20.3%，虽然高于全部金融机构平均水平，但却明显低于中资全国性大型银行和中资中型银行，也低于中资小型银行的平均水平。除了农村合作银行和农村信用社的同比增长为负之外，村镇银行的同比增长最低，远低于农村商业银行（如表2-15所示）。结合上述分析可以初步判断，在涉农贷款方面，村镇银行面临的形势并不乐观，面临着较大银行和农村商业银行的挤压。

表2-15　　2016年金融机构本外币涉农贷款情况　　单位：亿元、%

机构名称	农林牧渔业贷款		农村（县及县以下）贷款		农户贷款		涉农贷款	
	余额	同比增长	余额	同比增长	余额	同比增长	余额	同比增长
全金融机构	36627	4.2	230092	6.5	70846	15.2	282336	7.1
中资全国性大型银行	6200	-1.5	88222	2.0	23979	27.4	103974	2.5
中资中型银行	2190	2.5	44881	11.5	1504	35.5	68773	12.1
中资小型银行	17287	26.6	71497	22.3	30381	27.0	81626	21.1
其中：农村商业银行	12828	34.8	46107	28.5	23735	34.6	53096	26.2
农村合作银行	730	-23.6	1468	-46.1	989	-41.3	1767	-43.2
村镇银行	1724	18.2	4953	15.4	3234	20.3	5550	16.2
农村信用社	10920	-16.1	24712	-17.8	14902	-15.2	27039	-16.7

资料来源：《中国农村金融服务报告（2016）》。

（3）小微企业贷款

如表2－16所示，2016年116家调研村镇银行年末小微企业贷款余额为79079.2万元，比上年增长21.6%。其中，68.1%的村镇银行年末小微企业贷款余额在均值以下，而2015年有67.2%的村镇银行年末小微企业贷款余额在均值以下。2016年其占各项贷款的比重为65.9%，比上年增加约0.2个百分点。其中，25.86%的村镇银行的余额占比低于50%，50%的村镇银行余额占比超过了75%。2015年其占各项贷款的比重为65.7%。其中，25.9%的村镇银行的余额占比低于50%，44.0%的村镇银行的余额占比超过了75%。由此可知，相较于2015年，2016年116家调研村镇银行小微企业贷款余额有明显增长，其增长速度与农户贷款接近，超过了年末总贷款余额的增长速度。而其占各项贷款的比重基本与上年持平，略有增长。接近3/4的村镇银行的小微企业贷款占比超过了各项贷款总额的一半，可见，小微企业是村镇银行的主要贷款客户。

表 2 -16　　2015—2016 年 116 家调研村镇银行小微企业贷款情况

单位：万元、%

项目	2016 年			2015 年		
	均值	最小值	最大值	均值	最小值	最大值
年末小微企业贷款余额	79079. 2	0	784718. 3	65022. 9	200	371286. 1
小微企业贷款占比	65. 9	0	100	65. 7	0	100
小微企业贷款增速	3. 8	-74. 9	244. 9	12. 4	-62. 5	455. 2

资料来源：116 家调研村镇银行报送数据。

2016 年小微企业贷款增速与各项贷款平均增速相比，高于各项贷款平均增速 3. 8%。其中，33. 6% 的村镇银行农户和小微企业贷款合计增速为负或 0，40. 5% 的村镇银行合计增速为正但低于各项贷款平均增速，18. 1% 的村镇银行合计增速超过各项贷款平均增速的 10%。2015 年小微企业贷款增速与各项贷款平均增速相比，高于各项贷款平均增速 12. 4%。其中，35. 3% 的村镇银行农户和小微企业贷款合计增速为负或 0，23. 3% 的村镇银行合计增速为正但低于均值，12. 9% 的村镇银行合计增速超过各项贷款平均增速的 10%。由此可知，2015 年与 2016 年，村镇银行小微企业贷款增速均超过了各项贷款平均增速。特别是 2015 年的增速超过了 10%，2016 年的增速出现明显回落。

（4）农户和小微企业贷款合计

需要说明的是，通过对调查数据分析发现，农户贷款和小微企业贷款可能有重叠，例如，一些新型农业经营主体贷款既被计入了农户贷款，同时又被计入了小微企业贷款。因此，为了加以识别，本报告进一步对农户和小微企业贷款余额进行分析，此时剔除了重复计入的情况。

如表2－17所示，2016年116家调研村镇银行年末农户和小微企业贷款余额为106791.3万元，比上年增长18.1%。其中，68.1%的村镇银行年末农户和小微企业贷款余额在均值以下，与2015年持平。2016年其占各项贷款的比重为93.0%，基本与上年持平，略有增长。其中，30.17%的村镇银行的占比超过99%，而2015年，26.72%的村镇银行的占比超过99%。由此可知，农户和小微企业贷款占据了村镇银行的绝大多数贷款业务，2015年和2016年，超过1/4的村镇银行的几乎全部业务都来自于此，村镇银行支农支小特色显露无遗。

表 2－17　2015—2016 年 116 家调研村镇银行农户和小微企业贷款情况

单位：万元、%

项目	2016 年			2015 年		
	均值	最小值	最大值	均值	最小值	最大值
年末农户和小微企业贷款余额	106791.3	4061.4	787686.5	90414.9	3580.9	535950.2
农户和小微企业贷款占比	93.0	24.0	100	92.9	43.8	100
农户和小微企业贷款增速	5.4	－25.2	100	9.6	－37.8	462.5

资料来源：116 家调研村镇银行报送数据。

2016 年农户和小微企业贷款合计增速与各项贷款平均增速相比，高于各项贷款平均增速 5.4%。其中，44.0% 的调研村镇银行农户和小微企业贷款合计增速为负或 0，35.3% 的调研村镇银行合计增速为正，但低于各项贷款平均增速，12.9% 的调研村镇银行合计增速超过各项贷款平均增速的 10%。2015 年农户和小微企业贷款合计增速与各项贷款平均增速相比，高于各项贷款平均增速 9.6%。其中，38.8% 的调研村镇银行农户和小微企业贷款合计增速为负或 0，37.1% 的调研村镇银行合计增速为正，但低于均值，12.9% 的调研村镇银行合计增速超过各项贷款平均增速的 10%。由此可知，2015 年与 2016 年，村镇银行农户和小微企业贷款增速均超过了各项贷款平均增速。两年增速基本一致，但 2016 年增速有所下降。

2. 覆盖广度——客户数量及其结构

根据 2017 年的调研数据（如表 2 - 18 所示），116 家调研村镇银行 2016 年贷款总户数均值为 2752. 3 户，比上年增加了 32. 8%。其中，70. 7% 的村镇银行贷款总户数低于均值，5. 2% 的村镇银行的贷款总户数超过了 1 万户。2015 年，72. 4% 的村镇银行贷款总户数低于均值，2. 6% 的村镇银行的贷款总户数超过了 1 万户。

表 2 - 18　2015—2016 年 116 家调研村镇银行贷款户数情况　单位：户

项目	2016 年			2015 年		
	均值	最小值	最大值	均值	最小值	最大值
贷款总户数	2752. 3	132	16535	2072. 1	18	16601
农户贷款户数	2258. 1	0	14812	1657. 4	0	14106
小微企业贷款户数	1147. 7	0	16195	756. 7	1	8856
农户和小微企业贷款户数	2550. 7	91	16322	1920. 4	13	16441

资料来源：116 家调研村镇银行报送数据。

2016 年农户贷款户数均值为 2258. 1 户，比上年增加了 36.3%。其中，69.8% 的村镇银行农户贷款户数低于均值，4.3% 的村镇银行的农户贷款户数超过了 1 万户。2015 年，75% 的村镇银行农户贷款户数低于均值，1.7% 的村镇银行的农户贷款户数超过了 1 万户。

2016 年小微企业贷款户数均值为 1147.7 户，比上年增加了 51.7%。其中，76.7% 的村镇银行小微企业贷款户数低于均值，2.6% 的村镇银行的小微企业贷款户数超过了 1 万户。2015 年，73.3% 的村镇银行小微企业贷款户数低于均值，没有一家村镇银行的小微企业贷款户数超过 1 万户。

2016 年农户和小微企业贷款户数均值为 2550.7 户，比上年增加了 32.8%。其中，73.3% 的村镇银行农户和小微企业贷款户数低于均值，5.2% 的村镇银行的农户和小微企业贷款户数超过了 1 万户。2015 年，69.8% 的村镇银行农户和小微企业贷款户数低于均值，1.6% 的村镇银行农户和小微企业贷款户数超过 1 万户。

综上可知，116 家调研村镇银行 2016 年的贷款客户数量相较于 2015 年有大幅增加，客户覆盖广度显著扩大，无论是农户贷款户数还是小微企业贷款户数都出现了明显增长。农户贷款户数略多，但小微企业贷款户数增长更快，比农户贷款客户增速高出15.4个百分点。鉴于小微企业客户数量的强劲增长力，小微企业贷款将在一定时期内成为村镇银行的主要目标客户。

3. 覆盖深度——户均贷款额

根据2017年的调研数据（如表2－19所示），116家调研村镇银行2016年单一客户贷款集中度均值为6.0%，比上年下降了0.1个百分点。其中，31.0%的村镇银行的单一客户贷款集中度低于5%，没有一家村镇银行的单一客户贷款集中度超过10%。2015年，34.5%的村镇银行的单一客户贷款集中度低于5%，1.7%的村镇银行的单一客户贷款集中度超过10%。116家调研村镇银行2016年单一集团客户授信集中度均值为7.6%，比上年增长了0.2个百分点。其中，35.3%的村镇银行的单一集团客户授信集中度低于5%，12.1%的村镇银行的单一集团客户授信集中度超过10%。2015年，33.6%的村镇银行的单一集团客户授信集中度低于5%，12.07%的村镇银行的单一集团客户授信集中度超过10%。这两个指标近两年基本没有变化，总体上保持在合理水平，但个别村镇银行甚至未能达到监管部门的监管要求。

表 2－19　2015—2016 年 116 家调研村镇银行户均贷款额度

单位：万元、%

项目	2016 年			2015 年		
	均值	最小值	最大值	均值	最小值	最大值
单一客户贷款集中度	6.0	0.9	9.9	6.1	0.9	12.6
单一集团客户授信集中度	7.6	0	69.1	7.4	0	69.8
贷款户均余额	67.6	6.2	486.2	76.2	5.1	459.1
农户贷款户均余额	34.9	3.5	121.4	46.2	3.1	649.4
小微企业贷款户均余额	213.8	9.7	1420.8	236.1	2.5	1625.5
农户和小微企业贷款户均余额	74.9	6.1	510.2	87.1	5.1	499.8

注：贷款户均余额小于农户和小微企业贷款户均余额，可能是由于居民小额消费贷款所致，因为没有具体数据，这个现象有待进一步研究。

资料来源：116 家调研村镇银行报送数据。

116 家调研村镇银行 2016 年贷款户均余额均值为 67.6 万元，比上年下降了 11.4%，其中，57.8% 的村镇银行贷款户均余额低于均值，14.7% 的村镇银行贷款户均余额超过 100 万元。2015 年，56.0% 的村镇银行贷款户均余额低于均值，15.6% 的村镇银行贷款户均余额超过 100 万元。

农户贷款户均余额均值为 34.9 万元，比上年下降了 24.3%，其中，62.6% 的村镇银行农户贷款户均余额低于均值，21.7% 的村镇银行农户贷款户均余额超过50万元。2015年，64.9%的村镇银行农户贷款户均余额低于均值，31.6%的村镇银行农户贷款户均余额超过50万元。而其2016年小微企业贷款户均余额均值为213.8万元，比上年下降了9.4%，其中，61.7%的村镇银行小微企业贷款户均余额低于均值，7.0%的村镇银行小微企业贷款户均余额超过500万元。2015年，63.8%的村镇银行小微企业贷款户均余额低于均值，11.2%的村镇银行小微企业贷款户均余额超过500万元。

116家调研村镇银行2016年农户和小微企业贷款合计的户均余额均值为74.9万元，比上年下降了14.0%，其中，59.5%的村镇银行农户和小微企业贷款户均余额低于均值，17.2%的村镇银行农户和小微企业贷款户均余额超过100万元。2015年，64.7%的村镇银行农户和小微企业贷款户均余额低于均值，23.3%的村镇银行农户和小微企业贷款户均余额超过100万元。

由上述分析可知，2016年村镇银行的农户贷款户均额度与小微企业贷款户均额度均有明显下降，农户贷款下降得更快。一方面，户均贷款额度减小意味着村镇银行总体上目标客户的下沉和服务深度的增加，从这方面来说，分析的结果是令人欣慰的。另一方面，出现这样的分析结果也可能是由于宏观经济下行的大环境下，村镇银行面对业务风险增大和优质大户难寻的现实困境，不得不将目标转向小客户。无论是主动还是被动，下沉业务、降低集中度、降低户均贷款额度，都不仅是控制村镇银行风险的客观要求，也是支农支小定位赋予村镇银行的责任使命，必然是村镇银行在未来较长时期内调整业务的方向和趋势。然而，不可忽视的是，2015—2016 年，尽管近 60% 的村镇银行无论在总户均余额还是细分为农户、小微企业贷款的户均余额都低于均值，但有超过 10% 的村镇银行的户均贷款余额超过均值的两倍以上，且 31% 的村镇银行 2016 年的户均余额超过上年，各村镇银行在目标客户定位和放款额度决策上存在着明显的分化。

4. 其他方面

安信永 SOCIAL 评价体系中的其他方面，116 家调研村镇银行的报送数据中没有相关信息。根据 2017 年上半年的村镇银行调研情况，在社会使命方面，大多数村镇银行对自身支农支小的社会使命有清晰的认知，但也有部分村镇银行坚持“须先保证能生存，再谈社会使命”；一些村镇银行对员工的职责有明确的规定；少部分村镇银行将与社会使命相关的业务内容放入员工考核指标体系中，但极少有村镇银行设立专门的社会绩效管理系统，衡量其社会使命的完成程度。

在覆盖范围方面，由上文的分析可知，随着村镇银行的发展，其覆盖广度和覆盖深度逐渐加强，一些村镇银行对客户的人口和贫困信息也进行了有意识的统计和基本的识别。虽然村镇银行以生存发展为第一要义，在可选择的范围内尽量将网点设在经济社会条件较好的地区，但不少村镇银行的存贷款业务深入到了金融空白村，部分从未被金融服务覆盖的人群因此首次享受到了存贷款服务。

在客户服务方面，村镇银行逐渐开始重视客户满意度，一方面对员工的服务态度提出具体要求，甚至为客户提供上门服务；另一方面努力缩短审贷放款的时间，提高业务效率。在审贷时间方面，各村镇银行之间的差距较大，有的银行从客户提交申请材料到放款只要三至五个工作日，而有的银行则需要二十几个工作日。一些村镇银行根据不同客户的差异化需求，设计出了多样化的、有针对性的信贷产品；还有一些村镇银行的营业网点设有“客户意见簿”，少数村镇银行开始有意识地建设客户反馈意见获取机制。

在信息透明与消费者保护方面，大部分村镇银行都未能做到价格透明，但很多村镇银行都能有意识地在审贷时识别客户的实际贷款需求和偿还能力，在一定程度上对客户起到了保护作用。

在社区关系方面，村镇银行认识到了自身发展与周边社区关系的重要关联性，比较重视与周边社区建立良好关系。一方面，其通过各种文化娱乐活动宣传自身业务，增加自身在当地的知名度和影响力，客观上普及了金融教育，丰富了当地的社会文化生活；另一方面，其在竞争不激烈的地区开设网点开展业务，客观上增加了当地的就业机会，增加了当地的金融服务供给，改善了当地居民的信贷可得性。

在员工保护方面，所调研的村镇银行中基本没有员工满意度评价记录，也没有员工反馈意见获取机制。个别村镇银行有员工培训机制，但是，员工保护和培养机制在绝大多数村镇银行都是缺失的。

总体来说，村镇银行对企业的社会责任有一定的认识，但是，其对社会绩效的理解严重不足，一些村镇银行把品牌营销当作公益，实际上距离产生社会绩效还相差甚远，村镇银行社会绩效的体现还有很长的路要走。

三　社区银行基本理论

（一）社区银行的含义、特点与市场定位

1. 社区银行的基本含义

社区银行的概念来自美国等金融发达的西方国家。这里所谓的“社区”不是指我国由城镇的居民委员会或并入城镇的村民委员会改名而来的“社区”①，而是指在一定的地域内形成人类生活共同体。所以，社区的概念中既有地域因素，更多的是社会因素，主要包括以下三个特征：一是居住于某一共同区域；二是有一定的生产关系或社会关系的连接，如共同的利益、共同的生

① 这个“社区”是我国城乡基层居民自治组织，归街道办事处领导。

存基础、共同的社会需求和资源环境限制、共同的社会文化和风俗习惯等；三是由一定的社会组织化行为连接，如存在一些正式的或非正式的管理机构或管理制度等[①]。

社区概念非常宽泛，在地域上可以很大，也可以很小；可以在城市，也可以在乡村，也可以同时涵盖城乡。在农村，一个自然村或一个行政村都可以称为一个社区，一个县域也可以称为一个社区。整个社会就是由这些大大小小的地区性生活共同体结合而成的[②]。

对于社区银行，国际上尚无明确的官方定义。按照美国独立社区银行家协会（the Independent Community Bankers of America，ICBA）的描述，社区银行是普通民众社区（Main Street）的组成部分，它们将从所在社区吸收的存款重新投资于当地，帮助当地创造就业岗位[③]。美国有学者认为，“社区银行是这样一种金融机构，接受当地居民和企业的存款，同时向他们提供交易

---

① 韩伟编著：《农村社区发展项目管理》，四川大学出版社 2006 年版，第 45 页。

② 刘文璞、张保民、孙同全、张红：《小额信贷管理》，社会科学文献出版社 2011 年版。

③ 美国独立社区银行家协会网站：http：//www. icba. org/about/community - banking。

服务、授信并使用其在提供上述服务过程中收集到的信息——这是社区银行相比大金融机构的一项竞争优势”，而且，“社区银行持有商业银行或储蓄机构的执照；仅在有限的地域内经营；提供各种各样的贷款和投保的可以签发支票的存款账户；关注本地区的发展，排除了其股权在非常完善的资本市场上进行交易的情况”[①]。由于社区银行存在于有限的地域范围内，资金规模有限，所以，在美国社区银行也常常以银行资产规模来界定，例如，社区银行被定义为资产合计低于10亿美元（以2002年美元计）的银行业机构，包括银行和储蓄机构控股公司、独立银行和独立储蓄机构[②]。我国有学者认为，凡是资产规模较小、主要为经营区域内中小企业和居民家庭服务的地方性小型商业银行都可称

① Robert DeYoung, Villiam C. Hunter, Gregory F. Undell:《社区银行的过去、现在和未来》，杨蔚东、李昕、纪英译，载中国民主建国会重点专题调研组、中国民主建国会天津市委员会组编《社区银行研究文集》，经济科学出版社2006年版，第203—204页。

② Tim Critchfield, Tyler Davis, Lee Davison, Heather Gratton, George Hanc, and Katherine Samolyk, "The Future of Banking in America - Community Banks: Their Recent Past, Current Performance, and Future Prospects", *FDIC Banking Review*, 2004, Volume 16, No. 13.

为社区银行①。也有学者发现，在美国银行控股公司体系中，社区银行一般以银行控股公司的成员银行的形式出现，社区银行组织结构也简单，分支机构数量较少，大部分以独立银行的形式存在②。可见，美国的社区银行一般是服务于城乡一定地域范围内功能完整的独立法人机构，而不是设在城市居民小区里仅有部分功能的银行分支机构，甚至只放置了金融服务机具（如 ATM）的简易便民服务点③。

本报告将社区银行定义为在县域以下注册成立并在注册地行政区域内开展业务的、具有独立法人地位的银行业金融机构。这样，我国绝大多数的农村信用社、农村商业银行、农村合作银行、村镇银行和农村资金互助社等农村金融机构都可以称为社区银行。因此，在本报告中“社区”的概念被定义为县域及其以下，包括城市与农村。但是，由于我国农村金融政策的主要目标是推动农村金融机构为“三农”服务，因此，本报告所

① 杨蔚东、纪英、李昕：《美国社区银行及其对中国银行业发展的借鉴意义》，载中国民主建国会重点专题调研组、中国民主建国会天津市委员会组编《社区银行研究文集》，经济科学出版社 2006 年版，第 425 页。

② 毛丹丹：《美国社区银行的发展及其对我国新农村金融建设的启示》，《海南金融》2011 年第 7 期。

③ 唐岫立：《什么样的银行叫社区银行》，《中国金融》2014 年第 14 期。

指的社区更多的是指县域以下的农村区域和农民群体。

2. 社区银行的特点与市场定位

ICBA认为，美国社区银行之所以区别于大银行，表现在以下七个方面。

（1）关注当地。不像较大银行那样在一个州吸收存款，而在其他州发放贷款，社区银行在它们的储户生活和工作的社区发放贷款，这促进了当地的企业和社区的繁荣发展。

（2）采用关系型贷款。社区银行经理了解它们的客户，在贷款决策时可能考虑客户的家庭历史和可支配开支。大银行的信贷经理则采用客观的资格标准（如信用评分），不考虑个人情况。

（3）提供创新性的解决方案。社区银行与其客户携手，尽可能采用最好的创新方法来满足他们的需要，例如最稳妥、可靠和便捷的支付方式。

（4）社区银行是向小企业提供贷款的领先者。根据《联邦储备银行2015年小企业信贷调查报告》，小企业贷款总是选择社区银行。

（5）能够及时决策。因为可以在当地决策，所以社区银行对企业的贷款决策灵活而快捷。而大银行由于距离它们的客户较远，所以必须经常召开设在其他州的审贷委员会议。

（6）参与并深入社区。社区银行经理通常会深入社区，但是大银行的经理常常是因为那里没有它们的分支机构而远离社区。

（7）关注普通民众。社区银行本身也是当地的小企业，它们的健康发展有赖于其客户和社区的繁荣兴旺。它们满足普通民众的需求，而大银行被股东价值所驱动，以满足华尔街的需求。

在具体的业务模式上，由于社区银行员工通常非常熟悉当地市场和客户需求，同时，他们自己也是生活和工作在本社区的成员，对客户的“软信息”有条件更好地了解和把握。这些“软信息”包括信贷经理通过社区活动等与社区居民或企业以及企业的供应商和客户的接触，得到的居民个人及其家庭或企业及其所有者的个人品行、经营能力、家庭关系等信息。凭借“软信息”，社区银行能够比较好地了解和把控业务风险，并降低业务成本。在这种模式下，社区银行以社区客户的个性化生活、生产的金融需求为导向，能够实现高效、便捷的“一对一”式个性化金融服务，并可以与客户建立长期业务关系。社区银行通过对客户“软信息”的把握，打破了传统的抵质押信贷模式。而大银行的决策者远离客户，通常只能根据信用记录、财务报表等“硬信息”进行决策，常常难以摆脱抵质押条件的束缚，导致小微企业难以获得大银行贷款。

综上所述，社区银行的特点可以归纳为七个方面：一是在注册成立的地域内开展业务，在中国主要是县域范围内，包括县域的城市和农村，重点在农村。二是规模相对较小。三是一般具有独立的法人地位，具有独立的决策功能，决策链条短，流程快捷，并具备其他完整的业务功能。四是资金主要来源于当地社区居民和企业的存款，资金运用也在当地，为社区居民和本地小微企业提供贷款等金融支持，不会发生资金“虹吸”行为。五是以传统银行业务为主，即存款、贷款、支付等。六是业务模式和风控手段更多的是在地缘优势所带来的信息优势基础上，超越对企业财务报表和担保品的依赖，更多地依靠“软信息”，采用关系型贷款，不仅可以较好地解决借款人的信息不对称问题，而且能以较低的交易成本运营。七是利用上述的灵活机制，开发出既符合自身特点又能满足客户需要和当地经济特点的多样化、差异化金融产品。

由于以上特点，美国社区银行采取的是典型的差异化市场战略，定位于当地区域市场，以当地社区（包括城市与农村）居民和小微企业为服务对象。这样，社区银行得以与大银行形成错位、互补之势，既避免了与大银行的正面竞争，又发挥出自身的优势和特色。贴近社区、亲情服务、方便百姓、灵活应变的经营策略成为社区银行参与市场竞争的制胜法宝。明确的区域市场定位既可以改善当地小微企业发展状况，提高当地居民生活水平，促进当地经济发展，又可以满足银行股东可持续盈利的需要。可以说，社区银行与当地居民和小微企业是共生共存的关系。

在我国，由于相关监管制度的约束以及国家关于支农支小的政策指引，农村中小金融机构多被限制在注册的县域范围内开展业务，以当地的中小企业和“三农”为服务对象，与大型银行开展差异化竞争。

3. 网上社区：互联网时代社区的延伸

在互联网时代，社区不再仅仅限于地域概念，而是延伸到网上化为无形。随着外出务工和经商人员的增多，原属于同一社区的成员可能散布于全国甚至世界各地，天各一方，彼此不常见面，但借助互联网，他们不仅可以经常在网上面对面沟通，而且可以合作做生意，如同身居一处，可谓天涯咫尺。例如，一些地区的人虽身在各地，但可能依托家乡的某一产业，在家乡的人从事种养殖和加工业，在外的同乡从事销售业，形成了以家乡为基地，以产业为纽带，以老乡为连接点的特色产业集群或营销网络，从而形成一个网上的社区。这些地方的村镇银行通过锁定社区成员的基本账户，从而将其业务扩展到本社区以外的地方，“足不出户”即可吸收更大范围的储蓄存款，并超越社区的地域范围开展信贷业务，扩大了业务规模。可见，现代信息和互联网技术把地域性的社区“搬到”了网上，为社区银行扩展业务提供了巨大的想象空间。

4. 社区银行的监管与促进

在美国，社区银行作为商业银行受各相关商业银行法律的约束，其中《社区再投资法》（*Community Reinvestment Act*，即 CRA 法案）是一部重要法律。《社区再投资法》于 1977 年由美国国会通过，其主要内容是要求金融机构持续满足整个社区的信贷需求（包括中低收入社区和借款人的信贷需求），授权金融监管机构对此进行考核，并将考核结果作为机构申请开设分支机构、兼并、收购等评审的重要依据。

2007 年版《社区再投资法》将资产在 2.5 亿美元至 10 亿美元的银行界定为中小银行，减少了其向监管机构提交数据和报告的次数，旨在减少社区银行的经营成本，提高银行业监管的弹性，且满足 CRA 法案的社区发展目标[①]。《社区再投资法》促使金融机构把从当地吸收的存款资金用于当地经济建设，在一定程度上减少了经济欠发达地区的资金外流，同时，也在审慎稳健的前提下，一定程度和范围内降低社区银行的运营成本，为社区银行发展提供良好环境。

（二）社区银行的产生与发展

1. 国际上社区银行的产生和发展

美国的社区银行主要是银行业各州自我保护的产物

---

① 沈克彪：《基于产权结构与关系贷款视角的村镇银行监管思路研究》，《金融教育研究》2012 年第 2 期。

及其延续。美国初期的银行主要是在各州内设立。19世纪60年代，美国国会通过的《国民银行法》以及各州相关立法，限制商业银行在本州或跨州开设分支机构，形成了美国特有的单一银行制[①]。1927年，美国通过了《麦克弗法案》，禁止银行跨州设立分支机构；1933年美国国会通过了《格拉斯—斯蒂格尔法》，禁止投资银行、保险公司和经纪人公司等进入传统的银行产品市场（反之亦然），也不允许储蓄金融机构在商业贷款业务上同银行进行竞争；在存款方面，禁止银行进行利率竞争，给利率设定了上限[②]。这样，规模较小、专门服务当地的社区银行得到了极大的发展。

20世纪80年代，随着市场条件变化、技术创新和金融创新，保护银行业不受地域竞争、产品竞争和价格竞争的制度环境越来越难以维持，放松管制不可避免。1980年，美国国会通过了《放松管制和货币管理法

① 参见杨胜刚《比较金融制度：全球视角》（第二版），北京大学出版社2016年版，第16页；叶申南、郭昊、柯皓：《美国社区银行发展和监管的经验与启示》，《中国财政》2015年6月半月刊，总第683期。

② Robert DeYoung, Villiam C. Hunter, Gregory F. Undell:《社区银行的过去、现在和未来》，杨蔚东、李昕、纪英译，载中国民主建国会重点专题调研组、中国民主建国会天津市委员会组编《社区银行研究文集》，经济科学出版社2006年版，第205—212页。

案》，取消了利率最高限制。1982年通过的《甘恩-圣·哲曼存款金融机构法案》允许储蓄机构通过提供商业贷款同社区银行直接竞争。20世纪80年代初，各州签订互惠协议，允许通过多银行控股公司的州际银行存在。到20世纪80年代末，除了6个州以外的所有州均允许某种形式的跨州银行存在。[①]

限制竞争政策的解除大大削弱了社区银行的地域垄断力量。一些经营不善的社区银行被兼并或退出，社区银行的数目大大减少。从20世纪80年代末到2001年，美国资产在10亿美元以下的银行数量从14078家减少到7631家，而且这些小银行的资产总额在银行业总资产中的占比从33.4%降低到16.0%。[②]

尽管如此，社区银行仍保持着一定的明显优势，那就是社区银行能够相对容易获取和处理“软信息”，并发放关系型贷款，而大机构的决策中心离社区较远，在获取和处理社区居民和小微企业的“软信息”方面存

① Robert DeYoung，Villiam C. Hunter，Gregory F. Undell：《社区银行的过去、现在和未来》，杨蔚东、李昕、纪英译，载中国民主建国会重点专题调研组、中国民主建国会天津市委员会组编《社区银行研究文集》，经济科学出版社2006年版，第214页。

② 同上书，第224页。

在不经济的问题，更倾向于依赖“硬信息”发放贷款[①]。这样，社区银行仍然保有巨大的生存和发展空间。到2017年，美国的社区银行有5800多家，占银行机构总数的99.3%，提供了全美小企业近一半的贷款，在全国范围内帮助创造了2/3的就业岗位，提供了82%的农业贷款，在全国有52000个营业网点，雇用了76万名员工[②]。根据美国联邦储备银行发布的《2015年小企业信贷调查报告》，美国小银行是小企业申请贷款的首选，因为向小银行申请贷款的成功率最高，为76%（大银行为58%）；对小银行服务的满意度最高，为75%（大银行为51%）。尽管小企业向互联网金融企业申请贷款的成功率也较高，为71%，但是对其服务的满意度很低，只有15%，主要原因是利率较高，而且还款条件较为苛刻[③]。

---

① Robert DeYoung, Villiam C. Hunter, Gregory F. Undell:《社区银行的过去、现在和未来》，杨蔚东、李昕、纪英译，载中国民主建国会重点专题调研组、中国民主建国会天津市委员会组编《社区银行研究文集》，经济科学出版社2006年版，第215—231页。

② 美国独立社区银行家协会网站：http：//www. icba. org/about/community - banking。

③ Federal Reserve Banks of New York, Atlanta, Boston, Cleveland, Philadelphia, Richmond and St. Louis: *The 2015 Small Business Credit Survey: Report on Employer Firms.* https：//www. newyorkfed. org/medialibrary/media/smallbusiness/2015/Report - SBCS - 2015. pdf.

与美国类似，欧洲也有很多美国社区银行式的中小银行机构，包括储蓄银行、合作银行以及地区性银行，主要为个人和中小企业服务。其中，德国具有社区银行功能的金融机构最多，20 世纪末有 2000 多家，多为中小储蓄银行和合作银行，其中大部分是为所在州和地区的中小企业和居民家庭提供综合的金融服务，被称为“管家银行”[①]；法国和英国由于银行垄断程度较高，导致社区性银行较少，但各自也都在 100 家以上[②]。

2. 中国社区银行的发展

21 世纪初，我国四大国有银行大量撤并了基层网点，各大银行在经营战略方面普遍采取了“大银行、大企业、大城市”市场定位，国有银行和邮政储蓄系统将全国范围内吸收的存款转移到经济发达地区使用，造成资金流动的“虹吸”现象，基层金融面临着严重

---

① 详见本报告第八章“国际案例：德国的管家银行制度”。

② 王爱俭：《发展我国社区银行的比较、借鉴与战略设想》，载中国民主建国会重点专题调研组、中国民主建国会天津市委员会组编《社区银行研究文集》，经济科学出版社 2006 年版，第 441—442 页。

的金融空洞化危机[①]。我国原有的城市信用社和农村信用社都是在各自的注册地范围内经营，分别在城乡为当地居民和企业服务，具有明显的社区银行特征。但是，城市信用社商业化转制为城市商业银行之后，纷纷追求做大、做强，中小企业特别是小微企业的融资仍然非常困难[②]。

2003 年，国务院下发《深化农村信用社改革试点方案》，开启新一轮农村信用社改革。2004 年，国务院办公厅印发《关于进一步深化农村信用社改革的意见》，进一步在产权制度、管理体制等诸多方面对农村信用社进行改革。2006 年，在“全国农村信用社工作会”上，中国银监会领导表示要用 10 年时间将农村信用社改成社区银行[③]。这与新一轮农村信用社改革路径取向相衔接，可以提高农村信用社自身资源的开发利用率，增强对城乡社区的渗透力，在传统的“农业、农民和农村经济组织”的基础上，将市场定位扩展至涉

① 杨蔚东、杨宝臣、董越：《关于我国社区银行发展的战略思考》，《经济界》2006 年第 1 期；何德旭、王卉彤：《美国社区银行的发展：评述及启示》，《新金融》2006 年第 7 期。

② 王爱俭：《发展我国社区银行的模式选择》，《金融研究》2005 年第 11 期。

③ 贺江兵：《农村信用社改革转舵方向已被重新界定为社区银行》，和讯网（http：//bank. hexun. com/2006 - 03 - 06/102061425. html），2006 年 3 月 6 日。

农企业、涉农经济组织和为农业、农村经济服务的个体工商户和私营企业，并将服务区域扩展至县域及城市的城乡结合部，变单一营销为综合营销，以零售业务带动公司业务的全面发展，有助于农村信用社实行商业化经营①。但是，农村信用社改制为农村商业银行后，尽管改革中的各项扶持政策有利于提升农村信用社的支农活力，但是产权改制更强调商业化目标，客观上导致追求利润最大化、股东利益最大化，很多农村商业银行有强烈走出去做大做强的扩张冲动，资金流出农村，削弱了对“三农”和中小企业的金融服务②。有的信用社在改革中过分强调贷款的安全，而不是强调贷款风险与收益的一致，加剧了农户贷款难度③。

自2013年以来，我国一些股份制银行和城市商业银行在城市居民小区开设金融便利店，称之为“社区银行”。同年12月，中国银监会印发了《关于中小

---

① 杨少芬、梁雪芳、王勉：《我国农村信用社实行社区金融模式改造研究》，《金融研究》2006年第7期。

② 参见王德祥《农村信用社改革存在的问题及对策》，《南方金融》2010年第9期；周明栋、陈东平：《农村信用社改革绩效的实证研究——基于48家县域农村信用社的调查》，《西南金融》2016年第6期。

③ 谢平、徐忠、沈明高：《农村信用社改革绩效评价》，《金融研究》2006年第1期。

商业银行设立社区支行、小微支行有关事项的通知》，将这些设在居民社区的“面向社会公众的银行网点”定义为“社区支行”或“小微支行”。据中国银行业协会的不完全统计，截至2016年年末，我国共设立社区支行6362个，小微支行达到1540个[①]。这些银行便民简易网点，不能人工办理现金业务，不办理对公业务，既不能保证资金取之于当地、用之于当地，也很难体现管理层次少的便利，作为简易支行更不具备为客户量身定制产品的能力和权限，与美国的社区银行有着本质区别[②]。这种方式的银行网点“只能作为一种补充渠道存在，虽有一定价值，但其范围和数量均较为有限”[③]。

作为2007年开始出现的新型农村金融机构，村镇银行天生就具有明显的社区银行特征。截至2016年年末，全国已有1259个县（市）设立村镇银行，县（市）覆盖率为67%；全国已组建村镇银行1519家，

---

① 中国银行业协会：《2016年度中国银行业服务改进情况报告》，http://www.zgyhy.com.cn/zixun/2017-05-10/3968.html。

② 唐岫立：《什么样的银行叫社区银行》，《中国金融》2014年第14期。

③ 陈圣洁：《社区银行成长四年门前冷落鞍马稀》，《国际金融报》2017年7月17日。

累计为 352 万家农户和小微企业发放贷款 580 万笔[①]。

总体来看，目前我国的社区银行的发展并不充分。有学者统计发现，截至 2013 年年末，我国拥有银行业金融机构近 4000 家，其中，145 家城市商业银行虽然归类为中小商业银行，但其单家资产规模平均为 1047 亿元，超过美国社区银行 100 亿美元的最大上限。2011 年，美国共有银行机构 7357 家，总资产超过 100 亿美元的只有 107 家，总资产在 10 亿—100 亿美元的有 550 家，1 亿—10 亿美元的有 4284 家，1 亿美元以下的有 2416 家。对比美国的银行业机构，我国大型银行较多，而小银行的数量不足美国的一半。我国经济发展处于快速增长期，社区银行性质的小银行的发展空间应该还很大。[②]

3. 社区银行在中国的作用与意义

有研究发现，我国金融资源供给具有以下三个特点[③]：

一是经济欠发达地区资金外流的“虹吸”现象仍存在，这主要是由大型商业银行跨区域调配金融资源所

① 中国人民银行农村金融服务研究小组：《中国农村金融服务报告（2016）》，中国金融出版社 2017 年版，第 8 页。

② 唐岫立：《什么样的银行叫社区银行》，《中国金融》2014 年第 14 期。

③ 课题组：《社区银行研究文献综述》，《西部金融》2013 年第 2 期。

致。出于经营效率的考虑，大型商业银行纷纷将资金调往大中城市、大项目和大企业，这种逐利型经营策略导致欠发达地区资金“失血”严重。

二是部分县域地区仍存在金融服务的真空。近年来，虽然国有商业银行逐渐将金融资源向县域和中小企业倾斜，新型金融机构发展极大地激活了县域金融市场，但部分地区仍然存在金融资源配置不平衡问题。这种不平衡的金融资源配置使得经济快速发展导致对金融资源的多样化巨大需求无法得到满足。

三是小微企业、农民和居民个人的差异化信贷需求仍无法得到满足。目前，各大型国有商业银行继续将经营重点放在大中型公司业务上，各城市商业银行正借助自身经营优势挖掘大型商业银行的优质客户，各地的农村信用社、村镇银行、小额信贷公司等小型金融机构囿于有限的资金规模无法完全满足小微企业、农民和居民个人的大额贷款需求。

上述特点说明，我国非常需要专注于县域及县域以下农村的社区金融组织，需要探索解决适合欠发达地区和县域小微企业、农民和居民个人消费的新型金融服务模式，而社区银行正是一种可以选择的方案。

四　村镇银行的社区微银行定位

（一）村镇银行的社区性

银行的市场定位是基于自身在市场中的地位，识别市场需求及其变化，通过产品、营销和服务，塑造品牌影响力，最终谋求市场份额以及可持续竞争的优势。银行的市场定位可以从经营范围、客户、产品三个维度来分析。因设立的特殊背景兼具政策性与商业性，村镇银行在农村金融体系中具有其独特的市场定位。

1. 村镇银行的政策定位

（1）立足农村，服务“三农”

村镇银行是在建设社会主义新农村的大背景下被提出来的。它的设立是针对农村地区金融供给不足、竞争不充分的问题，在“开放农村市场、降低农村金融市场准入”的框架下的一次金融创新。根据 2007 年 1 月出台的《村镇银行管理暂行规定》，“村镇银行是经中国银监会依据有关法律、法规批准，由境内外金融机构、境内非金融机构企业法人、境内自然人出资，在农村地区设立的主要为当地农民、农业和农村经济发展提供金融服务的银行业金融机构”。村镇银行设立在农村地区，主要服务对象为农民、农业与农村。它以安全性、流动性、效益性为经营原则，自主经营，自负盈亏。可以窥见，在建立之初，监管部门将村镇银行确立为设立在农村地区并为农村市场服务的商业银行。

（2）支农支小、服务县域

随着农村地区金融环境的发展和改变，发展普惠金融和服务实体经济被提升到战略高度，监管部门对于村镇银行的定位也发生了变化。村镇银行定位的阐述发生了变化，支持“小微企业与服务县域”被引入了概念。2010 年之后，为了推动服务县域的中小企业发展，进一步填补地区金融服务空白，政策对于村镇银行定位加入了“服务小微”这一概念。《中国银监会关于调整村镇银行组建核准有关事项的通知》（2011 年 7 月）提到了村镇银行“支农支小、服务县域的市场定位”。

2012 年，中国银监会在《关于加强村镇银行票据业务监管的通知》中明确规定，“村镇银行作为社区银行，服务范围限于所在县域，不得跨区域经营；服务对象主要是‘三农’和小微企业，不得偏离市场定位；吸收资金只能用于当地，不得投放异地贷款，不得以存放同业、转贴现等方式流出；办理业务应以存、贷、汇等传统业务为主，不得超出自身风险控制能力办理业务”。可见政策对村镇银行“立足县域、支农支小”的定位要求严格。

（3）立足县域、服务社区、支农支小

2014 年，中国银监会《关于进一步促进村镇银行健康发展的指导意见》提出，“村镇银行应牢固树立‘立足县域、服务社区、支农支小’的市场定位，制定支农支小发展战略，创新探索支农支小商业模式。支持开业半年以上、主要监管指标符合要求的村镇银行向下延伸分支机构，不断拓展服务网络，着力打造专业化、精细化服务支农支小的社区性银行”。可见政策对于村镇银行的定位是社区银行。

随着市场环境的变化，政策口径对于村镇银行的阐述发生了变化，但其作为服务当地，填补县域金融服务空白、竞争不充分的初衷并未改变。2017 年 3 月，在村镇银行十年发展培育发布会中，中国银监会表示将继续督促村镇银行坚守“立足县域、支农支小”市场定位，支持和鼓励其积极向下延伸服务网络、丰富服务内容，深耕县域金融市场，为“三农”和小微企业提供专业化、精细化和特色化的金融服务。继续优化特色监管指标的监测考核，使村镇银行持续保持“小额”“分散”、支持“三农”、服务小微的经营本色。

为了促进包括村镇银行在内县域金融机构的发展，2016 年以来，我国中央政府先后出台了《关于金融助推脱贫攻坚的实施意见》《关于进一步明确全面推开营改增试点金融业有关政策的通知》《普惠金融发展专项资金管理办法》《关于延续支持农村金融发展有关税收政策的通知》等文件，重申或增加了对村镇银行等金融机构在县域支农支小的财税优惠政策，鼓励了村镇银行将从当地社区获得的存款重新投资于当地，为当地经济发展输入了“血液”。

2. 村镇银行的县域法人特点

村镇银行是独立法人，属于一级法人机构。村镇银行设立在农村地区，在其注册范围内开展业务。按照《村镇银行管理暂行规定》第二章第七条命名原则，村镇银行的名称由行政区划、字号、行业、组织形式依次组成，其中行政区划指县级行政区划的名称或地名，村镇银行的经营范围被限定在行政区划之内。《村镇银行管理暂行规定》第一章第五条还规定“村镇银行不得发放异地贷款”。

截至 2016 年年末，在已组建的 1519 家村镇银行中，按照行政区划划分，县级以下（含县）法人 1464 家，占总数的 96.4%（如表 4－1 所示）。可见村镇银行作为县域法人特征明显。

表 4－1　　村镇银行的辖区级别分布　　单位：家、%

村镇银行辖区级别		数量	占比
市	地级市	55	3.6
县级以下（含县）	区	353	96.4
	县	794	
	县级市	295	
	镇	14	
	街道	8	
	合计	1464	

注：村镇银行的辖区级别按照命名原则中对行政区划的规定为准。

资料来源：中国银监会。

自2007年设立之初，村镇银行一直以在农村地区布局为主。党的十八大提出工业化、信息化、城镇化和农业现代化是全面建成小康社会的载体。随着国民经济的发展，县域经济环境已经发生了不可逆转的变化。农业现代化和城镇化水平不断提高，农村劳动力、人口进一步集中和产业升级。大批农民完成了从农民向居民的转变，部分县升级为县级市，村镇银行所面临的市场环境也发生了变化。在1519家村镇银行中有55家村镇银行设在市，353家设在区、295家设在县级市。绝大多数村镇银行除了是县域法人之外，其经营也被限制在注册行政区划之内，具有明显的社区银行特征，因此，也具有天然的“社区性”。

在治理结构方面，村镇银行应依照《中华人民共和国公司法》自主选择组织形式，股东大会、董事会、监事会、高级管理层组成的“三会一层”组织架构，分工合作、勤勉履职，运转协调。在股权结构方面，村镇银行享有股东投资形成的全部财产权、民事权利。区别于大型商业银行的分支机构，独立法人决策链短、反应快，方便实行差异化经营，有利于提高效率。区别于农村信用社等县域法人与贷款公司、农村资金互助社、小额贷款公司等新型农村金融机构，村镇银行作为商业银行风险管控能力较强，可办理商业银行的大部分业务。

3. 村镇银行的本地化特征

村镇银行依托城镇社区和农村社区而建，网点分布与城镇和县域农村行政区划设置格局最接近；它在有限范围内经营，主要服务地方经济发展。村镇银行的特点使其在发展中不断下沉服务，与地方经济发展、社区生活深度结合。与其他商业银行相比，它具有股东本地化、从业人员本地化、经营本地化、产品服务本地化等特点。在定位“立足当地、服务县域、支农支小的商业银行”的基础上，村镇银行与当地居民、地方企业、地方经济发展都建立起稳定关系。

（1）员工本地化是村镇银行作为县域法人的重要特点

本地人才具有熟悉地方行业发展情况、产业特色、经济发展状况等优势。员工本地化是村镇银行站稳脚跟、融入社区，通过本土化、特色化服务提升自身竞争力的关键。中国银监会《关于进一步促进村镇银行健康发展的指导意见》提出，“村镇银行应根据客户特点和市场需求，构建适合业务发展的人力资源结构。鼓励优先招聘优秀大学生村干部等本地人才，进一步充实前台营销队伍；优先聘用熟悉当地农村和具有支农支小经验的管理人员，不断提升本地化金融服务能力”。在政策的引导与发展的客观要求下，村镇银行吸收了一批优秀的本地人才。以四川省为例，截至2016年年末，该省村镇银行在当地吸收了2716名从业人员，员工本土化率达74%，个别行已经达到了百分之百。[①]

专栏4－1

中国银监会《关于进一步促进村镇银行健康发展的指导意见》节选

五　积极推进村镇银行本地化战略

村镇银行应加快构建与社区性银行性质相适应的股权结构。要优先引进本地股东，稳步提升本地股东的持股比例；优先引进农业龙头企业、优质涉农企业和种养大户，发挥战略协

① 转引自2017年3月3日四川银监局副局长李国荣在中国银监会例行新闻发布会上发言。

同效应。

村镇银行应根据客户特点和市场需求，构建适合业务发展的人力资源结构。鼓励优先招聘优秀大学生村干部等本地人才，进一步充实前台营销队伍；优先聘用熟悉当地农村和具有支农支小经验的管理人员，不断提升本地化金融服务能力。

村镇银行应发挥贴近市场、企业和农民的优势，创新商业模式，以及个性化、本地化和具有包容性的金融产品和服务，大力推动微贷技术和主发起行成熟产品落地，提高金融服务匹配度、附加值和客户满意度。要加快建设网上银行和手机银行，持续提升农村金融服务的便利度和普惠金融服务水平。

（2）村镇银行具有存款与资金来源本地化的特点

第一，在股东、员工本地化的基础上，村镇银行运用人缘、地缘优势，进一步充实营销队伍，深入拓展服务范围。在一定范围内经营，村镇银行的“本地基因”使其能够更好地嵌入地方市场，吸收本地存款。第二，作为放宽农村地区银行业金融机构准入政策的关键性创新，村镇银行的股东可以为民营企业或自然人，且注册资本的要求相对较低。这为村镇银行吸引到一批地方中小企业股东。2012 年，天津市银监局《关于促进天津市村镇银行发展的意见》提出了村镇银行发展的“本土化、民营化、专业化”发展思路，指出通过增资扩股，吸纳本土优质民营企业，完善公司治理，推进专业化经营。2014 年，中国银监会《关于进一步促进村镇银行健康发展的指导意见》督促村镇银行积极推行本地化战略，提出“村镇银行应加快构建与社区性银行性质相适应的股权结构。要优先引进本地股东，稳步提升本地股东的持股比例；优先引进农业龙头企业、优质涉农企业和种养大户，发挥战略协同效应”。

（二）村镇银行的微型特征

1. 村镇银行的规模

同其他银行业金融机构相比，村镇银行具有“微型商业银行”的特征。“微型”体现在规模和客户两个方面。

因为村镇银行是作为农村金融市场的补充，放宽农村金融准入门槛设计的一环，所以，监管政策对村镇银行的设计也体现了其微型的特点。《关于调整放宽农村地区银行业金融机构准入政策　更好支持社会主义新农村建设的若干意见》（2006年12月）提到，“调低注册资本，取消营运资金限制。根据农村地区金融服务规模及业务复杂程度，合理确定新设银行业金融机构注册资本”。《村镇银行管理暂行规定》要求，“村镇银行注册资本不得低于300万元，在乡（镇）设立的村镇银行不得低于100万元人民币；村镇银行在缴足存款准备金后，其可用资金应全部用于当地农村经济建设；村镇银行发放贷款应坚持小额、分散的原则，提高贷款覆盖面，防止贷款过度集中”。

根据116家调研村镇银行的调查数据，其2016年年末的平均注册资金为1.1亿元，平均资产总额为18.8亿元。符合本报告第三部分引用的低于10亿美元（以2002年美元计）的社区银行概念。2016年村镇银行的总资产规模占商业银行业总规模的比重仅为0.7%，占农村金融机构总资产规模比重仅为4.1%，资产规模在整个银行业中绝对量微小。

据本报告课题组统计，从公开渠道能够得到数据的1501家村镇银行在2016年年末的平均注册资金为7758.5万元。根据本报告中116家调研村镇银行的调查数据，2016年平均每家村镇银行的注册资金为1.1亿元。

从资产规模来看，2016年村镇银行的总资产规模占商业银行业总规模的比重仅为0.7%，占农村金融机构总资产规模的比重仅为4.1%。2016年年末，全国有14370家农村金融机构，总资产规模为29.3万亿元，平均每家机构资产规模为20.4亿元；全国已成立的1519家村镇银行资产总额为12376.9亿元，平均每家村镇银行资产规模为8.1亿元。考虑到村镇银行的资产规模较小，拉低了全部农村金融机构平均每家机构的资产规模，保守估计，农村商业银行、农村信用社和农合行的平均资产规模应该是村镇银行平均资产规模的3倍以上。可见，村镇银行在商业银行体系以及农村金融机构体系中都处于末端，是地地道道的小微银行。

在农村中小金融机构中，2016年全国村镇银行营业性网点总数为4716个，占当年农村中小金融机构网点总数的5.6%；从业人员总数为81521人，占当年农村中小金融机构从业人员总数的8.6%。村镇银行平均每家机构的网点数为3.3个，远小于平均水平；平均每家机构的从业人数为56.5人，远小于平均水平（如表4－2所示）。在农村中小金融机构中，农村商业银行在平均从业人员与平均网点数量上都占据优势，其次为农村合作银行、农村信用社，农村资金互助社两项指标均为最小。村镇银行在农村金融机构中人员与网点规模均数量微小。

表4－2　2016年农村中小金融机构平均从业人员、营业网点情况

机构	平均从业人员（人）	平均网点数（个）
农村合作银行	339.0	34.5
农村商业银行	501.1	44.3
农村信用社	264.1	25.1
村镇银行	56.5	3.3
农村资金互助社	12.3	1.0
均值	252.2	22.2

资料来源：《中国农村金融服务报告（2016）》。

从本报告课题组在中部某省调研得到的数据看，在该省全部县级行政区域内的银行业从业人数中，农村商业银行的人数最多，其次为中国农业银行、中国邮政储蓄银行，而平均每个村镇银行的从业人数以及平均每个县内村镇银行的从业人数都是最少的（见图 4－1）。所以，从员工人数看，村镇银行也是小微银行。

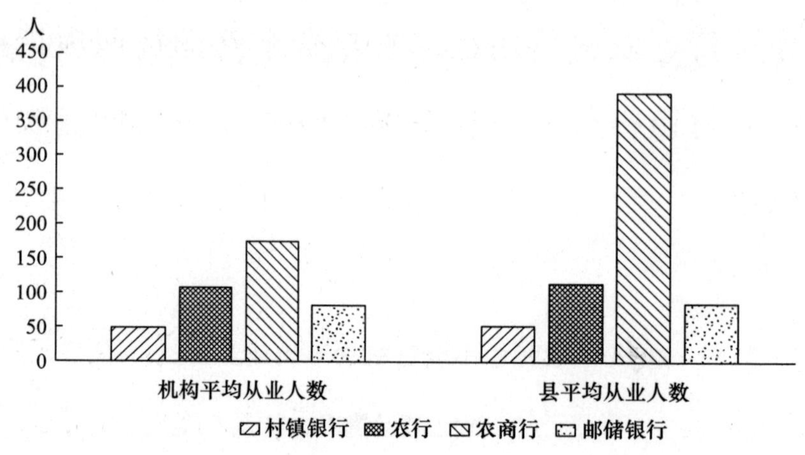

图 4－1　2016 年中部某省主要涉农金融机构从业人数对比

资料来源：本报告课题组调研数据。

2. 村镇银行的客户

（1）村镇银行主要服务当地农户与小微企业

截至 2016 年年末，全国村镇银行各项存款余额 9493 亿元；各项贷款余额 7021 亿元；农户及小微企业贷款合计 6526 亿元，占各项贷款余额比重达 92.9%。

可见农户与小微企业是村镇银行贷款的主要客户。从本报告第二章对贷款规模的分析可知，虽然村镇银行整体的农户及小微企业贷款规模不及商业银行与农村商业银行，但占自身各项贷款余额比重较高，服务“三农”、小微的特点突出。

从课题组的实地调研情况来看，村镇银行在县域虽然规模较小，但涉农贷款占比最高，都占各项贷款的90%以上（见图4－2）。在县域范围内，村镇银行的客户群体与其他涉农金融机构有所重合，但其支持“三农”的定位更加明确，具有错位竞争的潜力与优势。

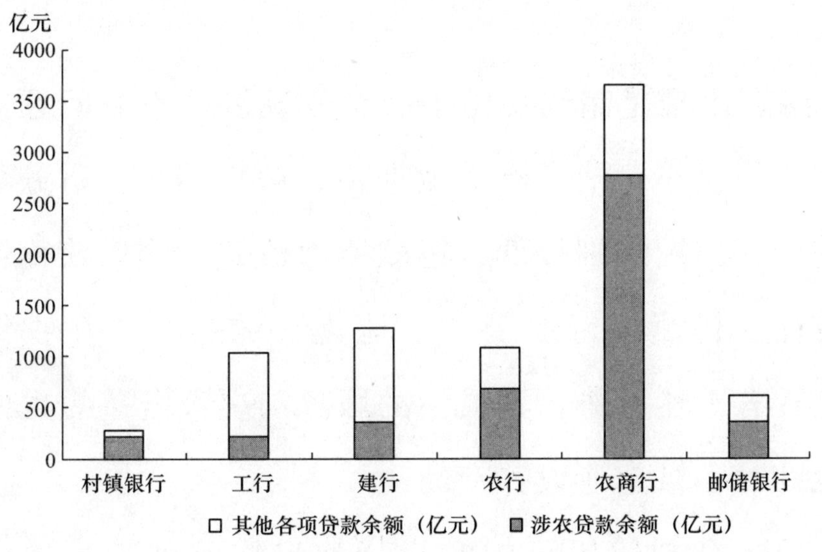

图4－2　2016年年末中部某省县域主要涉农金融机构贷款结构

资料来源：本报告课题组调研数据。

（2）村镇银行客户特点

农户贷款具有额度小、信用贷款较多、贷款方式灵活等特点。我国幅员辽阔，各地自然资源状况不同，农村经济发展水平差异较大。这要求确定小额贷款的具体额度需要结合实际，因地制宜、因人而异、适时调整。中国银监会要求中小农村金融机构根据自身风险管控能力、当地农村经济发展情况以及借款人生产经营状况、偿债能力、收入水平和信用状况，自主确定农村小额贷款额度。小额信贷的期限制定是根据当地农业生产的季节特点、贷款项目生产周期和综合还款能力等灵活确定的。

融资困难是制约我国小微企业发展的重要问题。小微企业规模小，缺乏有效抵押物，信息不全，财务数据不完善，信用级别较低，还款能力较差，难以获得银行的信任。村镇银行由于“本地化”的特征，在收集信息上具有天然优势，其灵活的服务与决策链条短也能更好地针对小微企业设计产品。

2016 年村镇银行的农户贷款户均额度与小微企业贷款户均额度均有明显下降。116 家调研村镇银行的农户和小微企业贷款户均余额均值为 74.9 万元，比上年下降了14.0%；农户贷款户均余额均值为34.9万元，比上年下降了24.3%；小微企业贷款户均余额均值为213.8万元，比上年下降了9.4%。

116家调研村镇银行的农户贷款余额占其全部贷款余额比重为46.8%，农户贷款户数占贷款总户数比重为82%；小微企业贷款余额占全部贷款余额比重为70.5%，小微贷款户数占贷款总户数比重为42%。如果细分农户与小微贷款情况，可以看到，农户与小微企业客户分类中，小微企业贷款余额占比较大，但客户中农户占比超过八成。因小微企业贷款增速低于农户与小微企业贷款平均增速，则农户贷款平均增速较快。可见村镇银行的贷款仍主要以小微企业贷款为主，但农户贷款已经成为村镇银行在县域发展的增长点。

（三）村镇银行业务传统而灵活

1. 以传统业务为主

按照监管要求，村镇银行可以开展包括吸收公众存款；发放短期、中期和长期贷款；办理国内结算；办理票据承兑与贴现；从事同业拆借；从事银行卡业务；代理发行、代理兑付、承销政府债券；代理收付款项及代理保险业务；经银行业监督管理机构批准的其他业务。但政策对其“立足县域、支农支小”的定位保持严格要求。

2016年，116家调研村镇银行的非贷款业务收入占总收入比重均值为15.5%，且较上年有所下降。可见村镇银行虽然可以开展商业银行的大部分业务，具有商业银行的职能和定位，但主营业务仍是银行传统的存、贷款和支付业务。在监管部门对村镇银行定位持续强调下，村镇银行同业业务和票据业务作为主要的非贷款业务呈现出一定的收缩趋势。这与社区银行以传统业务为主的特点相一致。

2. 业务模式便捷灵活

（1）服务方式简单、便捷

金融服务进入社区是市场需求导向的结果，“方便”是社区金融服务的核心。这要求银行在服务中，简化烦琐的业务流程，并且和居民形成积极有效的互动，提高服务质量，最终通过客户体验在产品与服务层面有效凝结。作为独立核算的一级法人，村镇银行制度规范、决策链短、地域性强的特点也相当明显，资金运用也非常灵活。县域范围内，村镇银行发挥独立法人优势，优化服务流程，创新服务模式，提升了地方金融服务质量。

第一，简化业务流程，提高工作效率。村镇银行在规范操作、风险可控的情况下，以下放审批权限、开通绿色通道等方式，简化业务流程，2—5 个工作日内将贷款发放到位。如广汉珠江村镇银行将 5 万元以下的小额贷款审批权限下放至各经营单位负责人，设置小额贷款绿色通道，节省了客户时间，有效提高了工作效率。

第二，提高服务质量，提供“一站式”服务。村镇银行在简化业务流程、提高效率的基础上，方便地方居民，提升服务质量。村镇银行在缺乏金融服务的地区设置便民服务点与终端机，为附近村民提供取款、查询、转账等“一站式”服务，解决农村金融服务“最后一公里”问题；在办理贷款时缩短办理时限，简化流程，让客户只需跑一次路、签一次字即可申请贷款；在社区设置金融服务点，在提供基本的存、取款服务的基础上，为居民提供水、电、燃气等缴费服务，方便社区民生。

第三，方便社区居民，提供上门服务。为了解决成立年限短、品牌影响力弱等问题，通过主动的上门服务，将金融产品和金融服务送到居民身边，是村镇银行基本的营销与服务模式。在本次调研中，村镇银行采用的“扫街式营销、上门服务”模式的情况较为常见。

此外，村镇银行还在实施银行卡不收年费，异地以及跨行ATM机取款、网银汇划款、小额账户管理等均不收取手续费等惠民政策。

（2）产品灵活、多样

村镇银行针对地方金融市场与客户的金融需求做全面分析，提供多样化、个性化、本地化的金融产品，在产品服务方面具有“灵活”的特征，这一点既是村镇银行作为县域法人特点的外在体现，也是村镇银行挖掘市场需求、最终实现差异化竞争的关键。

第一，灵活抵押、担保方式。农村金融市场的供给不足，存在农村客户担保方式单一、抵押物缺失等问题。结合市场需求，村镇银行在风险可控前提下开展金融创新，提供多样化、个性化金融产品。从本次调研的情况来看，“抵押、担保方式灵活”是村镇银行金融服务的特点之一。村镇银行推出仓单质押、商标权抵押、林权抵押、农村承包土地经营权抵押等抵押方式，家庭成员担保、“4321”政银担合作等担保方式，探索“龙头企业＋农户”“合作社＋农户”等新型贷款模式，提高农村企业和农户融资能力。其中，“4321”政银担合作模式引入政府、再担保、银行共同分担风险，对单户2000万元以下的贷款担保业务，由融资担保公司、信用担保集团、银行、当地政府，按照4∶3∶2∶1的比例承担风险责任。如中山小榄村镇银行针对农户建房或企业生产经营时都有银行贷款的需求，与小榄镇镇政府和社区探讨、协商后，推出“农地贷”集体土地抵押信贷产品，农民以其名下或第三方名下的小榄镇区的集体土地（包括土地上的建筑物）作为抵押物取得授信。解决了当地农户因农村建设用地情况，缺乏有效抵押物的难题。截至报告发布前，该行共投放“农地贷”贷款13371万元，共107笔。

专栏4－2

中山小榄村镇银行集体土地抵押案例

“农地贷”授信客户刘某现经营中山市某彩印有限公司，是一家专业的包装印刷企业，主要经营包装印刷品印刷。该企业一直稳步发展，其客户群体主要为电器厂、运动器材厂、玩具厂及制鞋制衣厂等，业务范围主要集中在珠三角地区。

该企业2016年10月向中山小榄村镇银行申请贷款，2015年年末销售收入1176万元，较2014年增长19.6%，2015年年末销售利润率约10%，较上年增加4.3个百分点，截至2016年9月销售收入已达1050万元，但随着销售规模的增长，销售应收账款增大及周期延长，企业需要的流动资金也会随之增加，由于缺乏法定标准的抵押物，一直得不到银行的贷款，听说小榄村镇银行贷款比较灵活快捷，特意到村镇银行来试试申请贷款。

该笔贷款以借款人和配偶及两名儿子提供

自有土地作抵押担保。该客户提供了三块集体住宅用地面积共1119.1平方米，属于小榄镇绩西社区管辖，村镇银行对抵押物进行评估，认为该块抵押物价值约481万元，评估价得到借款人夫妇及两名儿子的认定，借款人夫妇将该集体住宅抵押给村镇银行，并由中山市某彩印有限公司的两个股东提供保证担保，村镇银行审批通过并向刘某发放了240万元贷款（抵押率为49.9%）。

随着企业的发展，借款人表示仍未满足其经营需求，但已无具备完善手续的抵押物。村镇银行根据企业经营情况，考虑到借款人信用记录良好，企业经营情况较好，还款能力有保障，属于信用优良客户，在该笔“农地贷”的基础上，村镇银行再根据客户的融资需求，进一步根据企业提供的生产设备“海德堡对开五色印刷机”进行抵押获得了70万元“设备通”贷款，多元化地满足授信客户需求。

第二，引进微贷技术，积极探索发展信用贷款。在本次调研中，有部分村镇银行引进微贷技术，并根据市场需求与实地情况，设计金融产品，提供服务。如宿豫东吴村镇银行通过内部整合，引进德国微贷分析技术，推出“东吴易贷”。该产品结合当地小微企业融资需求，一是额度使用自主支配，根据实际资金需求，在总授信额度内，客户可以随时支用及归还贷款。二是期限可变，根据每个小微行业的淡旺季，选择贷款期限。三是利率可调，通过增加银行卡流水日均，可享受第二年贷款利率降低的优惠，节省客户的融资成本。四是还款方式灵活，不同客户可以根据自己的账款周期，选择不同的还款方式，如按月付息到期还本、按季付息到期还本、利随本清一次性还本付息。五是放款速度快，客户贷款资料齐全，1—3 个工作日内可实现放款。

2016 年村镇银行的农户贷款户均额度与小微企业贷款户均额度均有明显下降，村镇银行目标客户下沉和服务深度增加。农村地区金融市场发育不足，征信缺失与抵押物欠缺正是其市场发展的难题之一。本报告课题组的实地调研情况显示，村镇银行自开展工作以来，以建立居民信用档案、评选“信用村”等方式开展征信调查，突破贷款必须以实物担保的僵化思维，发放信用贷款、保证贷款，形成了多种授信模式。如山阴太行村镇银行开办了手续简便的“诚信通信用联盟贷款”，农户之间只要诚实守信，就可自发自律由 5 人及以上组成联盟申请不超过 3 万元的小额信用贷款；铜陵铜源村镇银行推出专门为农户和个体工商户量身定做的信贷特色产品——“信易贷”，投放额度在 1 万—10 万元，贷款采用无抵押、无担保的方式，主要支持农户从事农业生产经营活动，已为 2000 余户农户累计投放“信易贷” 2 亿元。

第三，提供多样化、个性化的服务与产品。深入分析市场，把需求细化，为县域金融提供“多样化、个性化”的产品服务，是村镇银行产品服务的重要特点。如榆树融兴村镇银行对客户群体进行了四类划分，分别以“鲜活鱼、休克鱼、病鱼、死鱼”相类比和对应，对不同的客户给予不同的授信方案。长兴联合村镇银行针对科技型小微企业推出“科技贷”；昆山鹿城村镇银行设立个人贷款中心，对小微业务实行专业事业部制管理，采用独立的业务流程、考核机制和审批流程，针对购车、家装、教育、婚庆、旅游等众多热点消费领域，开发“鹿诚贷”，截至2016年12月末，“鹿诚贷”累计发放贷款5.66亿余元，受益普惠金融客户群体近3000户，户均贷款余额约13万元。房山沪农商村镇银行针对在当地居住一年以上的小微企业法定代表人推出担保贷款产品“惠众贷”，该产品一次授信、循环使用、随借随还、随还随借，每半年来柜面归还一次本金即可继续使用授信额度，体现村镇银行“小、快、灵”的经营服务特色。

（3）作为社区成员，与社区协同发展

第一，下沉业务覆盖，与基层组织协同发展。村镇银行以网点为基础，设立便民服务点、提供流动银行服务，从而带动村、镇、社、农户，拓展业务辐射广度、深度；通过品牌营销、金融知识宣传等方式，将服务融入社区生活、生产。与基层组织合作，服务县、乡、村三级政府组织的中心工作、民生工程、重点项目、拆迁安置等，以基层党组织及村委会充当基层信贷机构的“信息员”推进普惠金融服务。此外，村镇银行还通过联盟甚至发起各种关键组织，建立稳固的客户圈，主动成为社区交互的核心。

专栏4－3

大通国开村镇银行“一十百千”惠农工程案例

2015年，大通国开村镇银行推出“一十百千”惠农金融工程和“国开创业创新”贷款模式，帮助农户和小微企业解决经济下行期中“融资难、无担保”问题，提升了服务“三农”和小微实体经济的水平。

该模式以专业合作社、现代设施农业企业、家庭农场（牧场）、农户为贷款主体，以中国人民银行、国家开发银行为融资保障平台，以村委会、乡镇为组织管理平台，以担保公司及保证金作为担保平台。合作社在社员家庭承包经营基础上，把经营同类农产品的经营者或把同类农业生产经营服务的提供者、利用者，自愿联合、民主管理，使社员成为市场主体，提高农业的标准化、规模化、市场化程度，实现农村经济发展；融资保障平台通过金融扶持，对该行合作社贷款项目提供流动资金支持；村委会、乡镇作为一级管理平台，负责建立合作社和农户信用信息平台，搭建乡村信用建设公示平台，征集信息并对合作社和农户进行评价、反馈、披露等活动并负责贷款的审核、推荐。让基层党组织及村委会充当基层信贷机构的“信息员”，甚至是“准信贷员”，通过“信息共享、合力支农”，积极推广“专业合作社贷款”，使农村金融服务重心下沉到村组织，以此破解农村服务难题，促进金融资源配置城乡均衡化，提升农村金融服务水平；指引融资性担保公司对资产规模较大、存在有效抵押物的合作社及现代农业设施企业进行担保。对其他无能力提供有效抵押的合作社及现代设施农业企业，要求联保并缴纳保证金。

到 2016 年年末，该行先后向 13 户合作社企业发放贷款 1999.0 万元，贷款余额 1208.0 万元。向 11 户现代设施农业企业发放贷款 11745.0 万元，贷款余额 2700.0 万元，向大通县 10 个乡镇 19 个村 2500 余户农户发放基准利率贷款 6300 余笔，金额 2468.6 万元，贷款余额 207.4 万元。2016 年，该行总计向大通县境内 6 个乡镇 9 个村庄 597 余户农户发放基准利率贷款 337.2 万元。

第二，整合产业链，与产业发展深度融合。在县域范围，我国农业产业化、市场化发展水平一般。农业产业链整体实力较弱，抵押品缺乏，融资能力弱。小微企业和农户作为产业链上下游环节，缺乏有效的金融供给和支持。牵引整合上下游产业链，发挥金融机构“造血”功能，是农村地区金融机构的共同使命。在本次调查情况中，村镇银行支持“三农”、小微的定位明确，部分村镇银行能够根据地方特色，发挥金融机构调节、牵引作用，整合产业链上下游，与地方产业深度融合。如无为徽银村镇银行针对当地鹅鸭养殖、羽毛加工、板鸭加工产业的割裂现象，特殊扶持羽毛羽绒加工企业和板鸭加工户，储备养殖户，引导企业相互实行协同生产，以金融杠杆撬动、整合第一、第二、第三产业融合；广元贵商村镇银行扶持肉牛养殖户小规模分散养殖，重点支持一批种养大户，另外支持建设现代化的屠宰场，开展畜类屠宰、精深加工等业务，延伸产业链条，有效支持了地方产业发展。

专栏 4－4

广元贵商村镇银行肉牛养殖产业扶植案例

肉牛养殖是广元贵商村镇银行根据自然条件和现实条件，专门针对精准扶贫策划的项目。广元秦巴山区的贫困户多为因病、残等原因致贫，再加上家庭主要劳动力缺失导致收入减少，这些问题成为制约贫困户发展的主要因素。秦巴地区丰富的林草资源等优越的自然条件非常适合肉牛养殖发展，加之近年来人们对牛肉的需求与日俱增，牛抗疾病能力强且易养殖，牛肉市场价格常年保持稳定。通过对省市内外调研分析，该行将肉牛养殖作为金融精准扶贫、推动农民脱贫奔小康和农村金融业务发展的主要项目。

肉牛产业以三种模式进行：一是“千家万户”。扶持农户小规模分散养殖，每头肉牛匹配1万元扶贫再贷款，每户养殖5—20头，同时还支持贫困农户采取搭伙、代管或寄养的方式抱团发展。二是一村扶持一个带头人。支持村里的种养大户，让农村的能人带动贫困户脱贫。培植、扶持一批50—500头规模的养殖大户成立合作社，并给予重点扶持，并从市场信息、养殖技术、疾病防疫等方面给予贫困农户指导帮助，从而带动贫困户脱贫；贫困户以扶贫小额贷款入股享受分红，有劳动力的贫困户还可在合作社打工；这种模式解决了丧失劳动力的贫困户生产难题，也是集中管理、科学养殖、抱团发展的新路子。三是支持精深加工企业，形成并拉长产业链条。为保障肉牛产销对接，该行与四川草香牧业有限公司达成战略合作协议，草香牧业对农户出栏肉牛保底回收，解决老百姓最担心的肉牛销售问题。另外，支持建设现代化的屠宰场，开展畜类屠宰、精深加工等业务，延伸肉牛产业链条，并扶持草香牧业以“生态餐饮+互联网”直销的模式拓展市场，提高牛肉产品附加值。

2016 年，该行已经支持发展肉牛 1 万头，发放贷款 1 亿元；计划到 2020 年，支持发展存栏肉牛 20 万头，五年共发放肉牛贷款 20 亿元，并投放 2 亿元建设 10 个种牛场；加上加工和销售，肉牛产业总产值达到 100 亿元；项目能带动 2 万个贫困农民家庭致富，广元 20%—30% 农村人口从中受益。

（四）村镇银行对县域发展的贡献与意义

1. 增加了农村金融市场供给和竞争程度

第一，村镇银行为农村金融市场提供了补充。随着村镇银行机构布局不断向中西部和欠发达县域倾斜，村镇银行的网点与服务不断下沉，有效延伸了县域金融服务，提高了农村金融服务覆盖率。2016 年年末，全国村镇银行布设网点近 5000 个，覆盖全国 67.4% 的县。村镇银行的设立，填补了大银行退出后的空白，具有完善地方金融市场、拾遗补阙的作用。

第二，村镇银行深挖需求，有效改善了县域金融的服务。村镇银行能够最大限度地融入社区生活，因地制宜，针对需求提供多元化、个性化、便利化的服务。为居民和地方企业提供了较好的投融资渠道与增值服务。

2. 坚持支农支小定位，解决小微企业融资难题

第一，村镇银行坚持支农支小市场定位，践行普惠金融。从业务发展来看，村镇银行坚持了“立足当地、立足社区、立足基层、支农支小”的经营理念。90%以上贷款投放在农户、小微，有效补充了农村金融市场的金融服务供给。村镇银行作为新型金融主体加入金融市场，在市场占有、挑选优质客户等方面都给农村金融机构带来了压力和竞争，创造了竞争环境，推动了农村金融机构改革，在经济不景气的大环境下，农村金融机构更多地寻求改革和新的利润增长点。

第二，村镇银行解决了小微企业的融资难题。村镇银行资产规模较小、组织层级也相对简单、信息反馈的期限较短、经营决策灵活、对本地区情况更为熟悉，在征信方面具有信息优势。自成立以来，村镇银行利用自身优势，以灵活抵押、担保模式，提高了农村小微企业的融资能力；以本地化、个性化、多样化的产品提升了

小微企业的金融服务水平。村镇银行的存在有利于解决中小微企业贷款难问题。

3. 推动地方经济发展

村镇银行推动了地方经济发展。总体上来说，2016年村镇银行存贷款余额均出现明显增长，但存款余额增长更快，发放贷款户（笔）数大幅增长，户均贷款余额明显下降，村镇银行的业务规模继续稳定扩大，对农户和小微企业客户的覆盖面持续增加。2017年3月2日，第96场银行业例行新闻发布会上中国银监会农村金融部副主任马晓光表示，“村镇银行在激活农村金融市场、健全农村金融体系、支持农村经济发展建设等方面发挥了重要作用，已累计为352万农户和小微企业发放贷款580万笔，累计发放贷款金额达3万亿元”。

2016年年末，全国村镇银行存贷比74%，居县域银行业金融机构首位。村镇银行吸收的资金绝大部分用于当地，建立了资本反哺农村的渠道，推动了地方经济的发展。

此外，村镇银行是县域独立法人，它直接向地方政府纳税，对地方财政有直接贡献。以本报告案例中的中牟郑银村镇银行为例，该行2010年起至2016年年末，累计纳税4.8亿元，其中向地方政府纳税1.5亿元。

4. 为民间资本进入金融业打开渠道，降低系统性风险的生成

第一，村镇银行为民间资本进入打开渠道，为银行业吸引到一部分优良资本。村镇银行作为放宽农村地区金融市场准入门槛设计的一环，吸引了一部分民间资本投资。2016年年底，村镇银行引进民间资本达到815亿元①。村镇银行已经成为民间资本进入银行业的重要渠道。

第二，村镇银行的建立降低了农村金融系统性风险的生成。村镇银行作为地方法人在收集信息上具有天然优势。它的业务具有“小额、分散”的特点，有利于优化银行体系结构，降低系统性风险。截至2016年年末，村镇银行加权平均资本充足率为21.7%，流动性比率为77.1%，不良贷款率为1.8%，拨备覆盖率为218.2%，拨贷比率为3.9%，风险总体可控。

① 2017年3月2日，银监会第96场银行业例行新闻发布会，中国银行业监督管理委员会，http：//www.cbrc.gov.cn/showJgsyDoc/CE1FA67F303845C08EDE4254CB198FA0.html。

五　建设智慧型社区微银行

通信技术与移动互联网的进步，使得县域经济层面正在发生深刻变化，虽然不少地区交通仍旧不是太发达，但智能手机的普及率逐步提高，人们越来越多地使用互联网，有些村镇银行顺应时代的呼唤，积极地应用金融科技，逐渐走向智慧型社区银行。

2017 年本报告课题组对 116 家调研村镇银行进行的综合业务发展情况问卷调查中包含了对金融科技应用情况的调查。调查结果显示，村镇银行金融服务的基础设施基本是完善的，部分村镇银行能坚持以科技为引领，重视金融科技的应用并取得一定效果，但仍然有一些村镇银行面临较多问题。

（一）村镇银行对金融科技的应用与效果

自2014年起，银行业发力“互联网+”的步伐显著提速，而对自身发展仍有很大提升空间的村镇银行，随着“互联网+金融”的发展，也纷纷涉足网上银行、手机银行、微信银行、直销银行、商户收单业务、快捷支付等。

1. 银行卡

本报告调研的116家调研村镇银行中，104家发行了银行卡，占89.7%，其中，58家独立发行银行卡，占55.8%；46家通过主发起行发行银行卡，占44.2%（见表5-1）。2016年年末，已发行银行卡的104家村镇银行中，银行卡平均发行量为3.5万张，平均“年末卡内存款余额”为2.4亿元。其中，72.1%的村镇银行发行的银行卡数量在均值之下，7.7%的村镇银行发行的银行卡数量超过10万张；77.9%的村镇银行年末卡内存款余额在均值之下，1.9%的村镇银行年末卡内存款余额在10亿元之上。

表 5-1 2016 年 116 家调研村镇银行的银行卡开通情况

项目	数量与占比
发卡行数量（家）	104
占 116 家调研村镇银行的比重（%）	89.7
其中：独立发行银行卡的银行数量（家）	58
独立发行银行卡的银行占发卡银行的比重（%）	55.8
通过主发起行发行银行卡的银行数量（家）	46
通过主发起行发行银行卡的银行占发卡银行的比重（%）	44.2
104 家村镇银行发卡总量（万张）	365.7
平均每家村镇银行的发卡量（万张）	3.5
104 家村镇银行 2016 年年末卡内存款余额总量（亿元）	247.2
平均每家村镇银行年末卡内存款余额（亿元）	2.4

资料来源：调研获取的数据。

2. 电子支付

根据 116 家调研村镇银行调研数据可知，在网上银行方面，103 家村镇银行开通了网上银行，占比为 88.8%，已开通的银行平均户数为 3762.5 户，平均年累计交易金额为 15.5 亿元（见表 5-2）。其中，69.9% 的村镇银行年累计交易户数低于均值，11.7% 的村镇银行年累计交易户数在 1 万户以上；66.0% 的村镇银行年累计交易金额在均值之下，34.0% 的村镇银行年累计交易金额在均值之上，1.0% 的村镇银行年累计交易金额超过 1000 万元。

在手机银行方面，73 家村镇银行开通了手机银行，占比为62.9%，已开通的银行平均户数为4098 户，平均年累计交易金额为3.5 亿元。其中，72.6%的村镇银行年累计交易户数低于均值，5.5%的村镇银行年累计交易户数超过1 万户；67.1%的村镇银行年累计交易金额在均值之下，9.6%的村镇银行年累计交易金额超过10 亿元。

表5－2　2016 年116 家调研村镇银行的电子支付业务情况

电子渠道	村镇银行数量				已开通的银行累计交易总户数（户）	已开通的银行平均户数（户）	银行年累计交易总金额（亿元）	平均年累计交易金额（亿元）
	已开通（家）	开通率（%）	未开通（家）	未开通率（%）				
网上银行	103	88.8	13	11.2	387542	3762.5	1739.5	15.5
手机银行	73	62.9	43	37.1	299210	4098	253.7	3.5
微信银行	9	7.8	107	92.2	12976	1441	0.4	0.04
直销银行	2	1.7	114	98.3	924	462	4.0	2.0
捆绑支付宝等快捷支付	41	35.3	75	64.7	183729	4481.2	18.1	0.4

资料来源：调研获取的数据。

在快捷支付方面，41 家村镇银行开通了捆绑支付宝等快捷支付，占比为35.3%。其中，54.8%的村镇银行是支付宝绑卡，平均年累计交易户数为4323.8户，81.8%的村镇银行低于均值，平均年累计交易金额为7426万元，76.2%的村镇银行低于均值；45.2%的村镇银行开通了微信绑卡，平均年累计交易户数为4663.4户，平均年累计交易金额为1480.2万元。总体来看，已开通快捷支付（支付宝绑卡+微信绑卡）的村镇银行平均年累计交易户数为4481.2户，平均年累计交易金额为0.4亿元。

此外，7.8%的村镇银行开通了微信银行，1.7%的村镇银行开通了直销银行。还有的村镇银行开通了客户服务热线，一般是依托主发起行电话银行及短信服务平台，统一为村镇银行客户提供24小时的电话银行服务及短信平台服务。

在网上银行、手机银行、微信银行、直销银行、快捷支付、商户收单业务六种电子支付渠道上，村镇银行开通情况较为多样：8.6%的村镇银行开通一种电子支付，18.9%的村镇银行开通两种电子支付，开通了三种和四种电子支付的村镇银行的占比均为27.6%，10.3%的村镇银行开通五种电子支付，开通了六种和完全没开通电子支付的村镇银行的占比均为3.4%（见

表5－3）。其中，开通了两种、三种、四种电子支付渠道的村镇银行总共占比为74.1%。有的村镇银行在提供网上银行、手机银行等常规电子服务渠道的基础上开发贴膜手机银行，在无线网络暂时不太普及的农村偏远地区，客户也能够自助办理基本银行业务。有的村镇银行打造专门面向农村市场的互联网金融平台，充分利用移动互联及大数据技术，结合村镇银行的信贷经验和线下网点优势，线上线下结合，发展农村互联网金融。

表5－3　2016年116家调研村镇银行电子支付渠道开通情况

开通电子渠道的数量	0	1	2	3	4	5	6
银行数量（家）	4	10	22	32	32	12	4
占比（%）	3.4	8.6	18.9	27.6	27.6	10.3	3.4

注：电子支付渠道为网上银行、手机银行、微信银行、直销银行、快捷支付、商户收单业务。0—6是指村镇银行使用电子支付渠道的种类数量。

资料来源：根据调研获取的数据计算而来。

综上可知，在六种电子支付渠道上，网上银行的平均年累计交易金额最多，而在平均年累计交易户数上，快捷支付却是最多的。由于受到农村信息基础设施、人员素质等因素的影响，手机银行等电子支付的累计交易户数及金额都处于起步阶段。总体来看，电子支付渠道仍有很大的发展空间，整体呈现发展完善的趋势，特别是手机银行和银行卡捆绑快捷支付，较多的村镇银行希望以此突破传统物理网点和渠道的限制，以低成本的电子支付去覆盖更广泛的县域地区，打造县域金融生态圈，解决县域金融服务问题。

3. 业务系统

根据116家调研村镇银行的调查数据，在核心业务系统方面，49.2%的村镇银行由主发起行开发提供，22.4%的村镇银行由第三方公司开发提供，2.7%的村镇银行自建，25.9%的村镇银行是其他形式（见表5－4）。村镇银行核心业务系统的年度缴费均值为81.1万元。其中，由第三方公司开发提供的年费最低，为72.2万元；自建核心业务系统的年费最高，为310万元；由主发起银行开发提供的年费为77.2万元，是最接近均值的。不过，由主发起银行开发提供的核心业务系统仅有63.2%需缴纳年费，另外的36.8%不用缴费。另外，有一家村镇银行与第三方公司共同开发核心业务系统，系统费用前三年免缴费。

表 5－4　116 家调研村镇银行的核心业务系统开发情况

核心业务系统	主发起银行开发提供	第三方公司开发提供	自建	其他形式	合计
村镇银行的数量（家）	57	26	3	30	116
占比（%）	49.1	22.4	2.6	25.9	100
付费村镇银行数量（家）	36	25	3	12	76
付费总额（万元）	2779.6	1804.9	930	649	6163.6
平均付费金额（万元）	77.2	72.2	310	54.1	81.1

注：其他形式包括次发起行、省联社、自治区联社等提供。

资料来源：本报告课题组调研数据。

据调研，在发起行提供核心业务系统的村镇银行中，发起行以村镇银行的具体业务需求为出发点，在其现行信息系统基础上进行研发改造，形成了支持多法人模式的综合业务系统，并制定了村镇银行数据大集中方案，以保障信息系统运行安全。村镇银行综合业务系统、网络、硬件设备与发起行完全独立，实现了物理隔离，无论是系统层还是应用层都是安全的。这既满足了村镇银行独立法人的特殊性要求，又保证了业务及 IT 架构的动态适应性，依靠科技手段，实现数据的集中和数据的整合。

已建成并运行良好的综合业务系统显示出较好效

果，具体表现在：（1）村镇银行综合业务系统包含了零售和批发银行业务产品的基本功能，以满足每天的业务操作需要并为管理决策支持提供必需的基本信息。解决了因所在地的地方政策、条例等方面的要求而引起应用需求变化。（2）系统的灵活性特点使其允许在不同地区的最终用户根据本地区的特殊要求修改系统的功能。（3）接口界面使得系统能与存在于同一台计算机或网络中其他计算机上的别的应用系统之间交换信息。（4）可以高效运行和操作在线实时交易处理。（5）利用一个兼具数据处理及文字处理功能的工具来生成客户化文档，提供了多种自动处理功能。（6）提供了包括操作控制、系统完整性控制等严格的系统安全控制体系。（7）涵盖了核心业务、信贷管理、处理大小额支付、借记卡业务等所有零售银行和批发银行的几乎全部业务。

4. 连接人民银行征信系统

根据 116 家调研村镇银行的调研数据，54 家村镇银行连接了中国人民银行征信系统，占比为 46.6%。其中，59.0% 的村镇银行直接连接，50.0% 的村镇银行通过主发起行或其他方连接，有的村镇银行同时开通“直接连接”和“通过主发起行连接”。另外，62 家村镇银行未连接中国人民银行征信系统，占比为 53.4%，这些村镇银行由于大小额、超级网银等支付结算资格不全，无法接入中国人民银行大小额支付系统。有些未能连接中国人民银行征信系统的村镇银行，日常征信信息的获取采取委托发起行分支机构或由授信申请人自行查询的方式。

5. 支付机具

根据 116 家调研村镇银行的数据，在支付机具上，43 家村镇银行开通了商户收单业务，占比为 37.1%，累计布设 POS 机数量总共为 17638 台，平均每家银行布设 410.2 台；56 家村镇银行布设了便民自助金融服务终端机，占比为 48.3%，总共布设了 777 台，平均每家银行布设了 13.9 台；73 家村镇银行未开通商户收单业务，占比为 62.9%，60 家村镇银行未布设自助金融服务终端机，占比为 51.7%。其中，37.2% 的村镇银行 POS 机数量超过均值，9.3% 的村镇银行 POS 机的数量超过 1000 台；32.1% 的村镇银行自助金融服务终端机数量超过均值，1.8%的村镇银行自助金融服务终端机数量超过100台。有的村镇银行自助金融服务终端机替代了客户柜面查询、存取款及转账业务，交易占比23.4%，不仅降低了网点柜面的工作压力，也增加了跨行取款本代他手续费的收入。

据调研，目前，自助金融服务终端机主要是自动取款机和存取款一体机，部分村镇银行还开发自助回单系统、自助查询机等设备。

6. 信息平台建设

在信息平台建设上，116家调研村镇银行中64家建立了门户网站，占比为55.2%，其中，37.5%的村镇银行网站是专人专职维护，50.0%的村镇银行网站是兼职维护，53.1%的网站信息不定期更新。有些村镇银行尚未建立独立服务器的网站，其信息发布依托于发起行，在发起行的网站上设立了子项目，而该子项目仅就村镇银行的基本情况进行了介绍，更新频率极低。

另外，103家村镇银行申请了微信公众号，占比为88.8%。其中，39.8%的村镇银行微信公众号是专人专职维护，60.2%的村镇银行微信公众号是兼职维护，66.0%的村镇银行微信信息不定期更新。部分村镇银行微信内容以极易获得的存、贷款利率及该行的金融产品为主。

7. 小结

当前金融业务与信息科技融合不断加深，不可须臾分离，金融科技的投入和应用水平，成为决定银行业的核心竞争力的标准之一。然而，农村金融的特殊性决定了村镇银行信息化水平亟待提高，因为：①村镇银行的业务模式是个人和小微模式，利用数据分析进行管理决策和风险控制是这种模式的适用领域；②村镇银行客户小而分散，适合低成本的信息化渠道去覆盖；③网点布局成本相对很高，对于经费紧张的村镇银行，电子银行或是有效的替代形式。

通过对已有智慧银行功能的不断完善及利用金融互联网技术不断在新的领域进行创新，例如移动信贷业务、接入网联实现与第三方支付公司合作业务等，不断地进行业务流程改进、渠道接触改进、数据分析能力改进、采用新技术与新设备的应用，村镇银行将逐步向全新智慧银行服务体系转型。

（二）村镇银行金融科技应用面临的问题

1. 科技应用动力不足

部分村镇银行的市场拓展和利润获取主要依托于员工的走访、宣传、联谊等“劳动密集型”作业，心态上安于现状、保守求稳，没有认识到金融科技应用对于自身经营实力和服务形象所带来的积极意义，上至管理层，下至普通员工，没有意愿主动寻求科技应用的切入点，更多的时间和精力用于考虑如何巩固与加强员工的单兵作战能力，通过亲缘、地缘获得更多的市场份额，维持目前的竞争地位。

2. 科技应用市场环境不佳

有些村镇银行金融服务品种单一，以传统的存贷款业务为主，结算方式为同城票据、联行汇兑等，较少涉足互联网平台的结算，因此在绩效指标的设计与考核方面，将存款规模、贷款质量、利润水平等作为一类指标考核，而银行卡、网上银行仅作为二类指标考核，且二类指标考核导向为数量增长型（新增银行卡数、新增网银客户数），而非质量改善型（卡均余额、卡均结算量、网银结算金额等）；同时，由于村镇银行设立区域多为国家贫困落后地区，农民收入有限，其支出主要用于日常的衣食住行，智能手机、家用电脑普及率低，农民综合素质和科技意识还有待提升，即使手机银行、微信银行等富有科技含量的金融产品上线，短时间内很难成为农民客户的首选金融服务。淘宝、京东下乡，给农村市场带来科技金融产品的同时，也抢占农村市场，给村镇银行的生存发展带来了压力。

3. 科技人才储备有限

银行的信息化建设和发展离不开科技人员的支持。科技人才不仅要具备专业的信息科技水平，同时还要熟悉银行的管理制度和运营流程。村镇银行一方面受制于经营地域和自身实力很难招聘到高素质、强能力的信息科技人才，另一方面缺乏人才的选拔、培养、考核与激励机制，部分银行还存在职责不明的问题。根据本报告课题组调研情况，村镇银行科技人员力量薄弱、人员不足的情况较为普遍，部分村镇银行技术部仍主要依靠发起行支持，而村镇银行科技人员则存在一人多职、多职重叠的现象。

4. 科技资源有限

村镇银行处在发展阶段，科技硬件资源投入较少，主要业务系统的标准环境未搭建，给投产上线带来了资源版本的不可控性，业务系统的生产环境资源配置普遍低于主发起行业务系统。

5. 业务系统开发面临困难

（1）发起行托管模式

第一，村镇银行无论在资产规模、经营思路、客户对象、从业人员数量和素质方面，还是管理经验、防控风险能力等方面，与发起行相比都存在天壤之别，因此系统的适用性普遍不好。第二，发起行的系统普遍具备功能完备、投入巨大的特点，仅村镇银行后期的系统使用费、维保服务费、科技人员支出费等对于单家村镇银行都很难承担。第三，村镇银行是独立法人，其市场主体与发起行相同，发起行托管模式易导致发起行把村镇银行当作分支行管理。第四，村镇银行股权结构由发起行股本、其他法人股本和自然人股本三部分组成，而且多数发起行并不控股。发起行初期免费提供系统，随着投入的增加，发起行有理由向村镇银行分摊系统建设、管理成本，但发起行又无对外提供信息系统服务的经营许可，将来费用分摊成为困难，不利于村镇银行信息系统建设的长远发展。

（2）外包第三方公司模式

一是村镇银行可选择的第三方外包服务商很少，全国范围内仅有几家具备资格的外包服务商提供服务。二是外包费用呈现逐年递增态势。一般初期费用每年几十万元，随着分支机构及系统的增加，外包费用上升到每年几百万元，村镇银行渐感成本高昂。三是外包系统多数为其他银行换代替换的传统产品，有些不能满足村镇银行开办新业务，有些虽能满足但改造周期长、改造成本很高。四是村镇银行系统虽能外包，但信息科技风险管控及责任主体不会外包，村镇银行势必面临信息系统自主控制能力弱化、信息科技风险防范困难以及因管理不善泄露客户信息的法律风险等。

（3）自建模式

自主开发核心业务系统具有主动性强、响应速度快等优势。村镇银行发展到一定阶段时，自主开发核心业务系统的能力和愿望有所增加。但因为银行的核心业务系统较为复杂，系统开发、运营成本较高。据本报告课题组了解，自主开发核心业务系统成本包括：基础建设成本、运营维护成本、软件采购成本以及管理成本，每年的总体科技支出成本在百万元以上。自主开发核心业务系统对银行的盈利能力有较高要求，其高成本投入使处在发展期、规模有限的村镇银行面临较大挑战。

（4）信息化建设面临的问题

信息科技系统建设的投入具有长期性特点，需随着互联网金融的前沿发展趋势和自身经营发展的需要不断进行系统开发和升级改造，存在建设成本高、周期长、效果不理想的问题。

村镇银行不具备把控信息科技风险的条件。从金融体系安全来讲，信息科技系统承载了银行关键业务功能和敏感运营数据，系统的安全与稳定不仅关系村镇银行的业务数据安全，而且也直接关系社会民生稳定和整个金融体系的安全，以村镇银行目前的硬件设施，不足以确保信息科技系统的安全和稳定。

6. 项目建设难以满足预期

项目建设过程中，村镇银行管理总部与村镇银行基础沟通成本较高，导致部分需求不够明确，村镇银行在项目实施过程中参与度太低，验收过程中对需求功能点的验收不够具体，导致上线后系统功能可能会与预期功能不符，造成需求变更频繁，影响项目整体进度。

7. 日常运维能力不足

村镇银行系统的日常运维没有制定统一流程，生产问题没有统一扎口，由于科技部门人力资源限制，无法做到对每一个维护任务进行实时的分派、跟踪、回复以及记录，对部分问题可能不能及时响应，问题的处理情况也没人详细登记，不利于运维知识库的建立，增加运维重复工作量。

有的村镇银行不仅系统开发工作由主发起行承担，而且系统日常运维、系统数据存储备份、系统机房管理、供电线路管理、传输网络管理等全流程都是由主发起行负责，而村镇银行本身的信息科技工作局限于行内计算机设备的物理安全及故障排除，对金融科技应用可能存在的各类风险（如黑客、病毒、员工误操作等）缺乏必要的认识与充分的防范，没有制定风险预案并组织演练，一旦发生风险，则寄希望于主发起行解决，即使制定了业务连续性计划，也是纸上谈兵。

（三）村镇银行金融科技应用的努力方向

从以上分析来看，村镇银行的金融科技应用已经取得了一定的成效，但仍存在许多问题，处于发展的初级阶段，还有很长的路要走。

1. 防范科技应用的风险，做好项目风险管理

目前，村镇银行科技应用系统开发主要有两种方式：发起行自行开发、委托第三方公司开发，其优劣势分析见表5－5。

鉴于上述优劣势分析，村镇银行要做好金融科技应用系统项目风险管理，主要从四方面入手：一是金融科技应用系统开发前要做好全面的可行性分析，充分估计科技应用对村镇银行现有业务发展和风险状况的影响，分析村镇银行对系统开发工作的控制能力及监管要求的

满足能力。二是要与发起行或第三方外包服务商签订委托开发合同，明确双方的权、责、利，包括但不限于委托开发的范围、内容、工作时限及安排、责任分配、交付物要求、服务连续性、村镇银行监控与检查等条款，切实做到对系统开发的关键要素、服务时效和可用性、数据的完整性和保密性、变更控制、安全标准、职业道德遵守等方面有独立、完整的发言权。三是制订切实可行的业务连续性计划，并组织员工不定期演练，防范黑客、病毒、员工误操作等风险的发生。四是建立健全金融科技应用的审计机制，每两年至少要开展一次全面审计，发生委托开发风险事件时，应及时开展专项审计。

表5-5　　科技应用系统开发优劣势分析

开发方 优劣势	发起行自行开发	委托第三方公司开发
优势	（1）需求分析准确，开发周期短； （2）数据安全性强，应急处置好； （3）开发费用主要由发起行承担	（1）行业经验丰富，系统前瞻性好； （2）系统开发优先级高，不受主发起行自身项目约束； （3）运营维护可外包
劣势	（1）行业经验一般，系统前瞻性差； （2）系统开发优先级劣于主发起行； （3）运营维护不可外包	（1）需求分析模糊，开发周期长； （2）数据安全性差，应急处置弱； （3）开发费用主要由村镇银行承担

2. 充分利用主发起行的科技支撑作用，增强科技应用的动力

如果主发起行有足够的能力和意愿为村镇银行提供强有力的科技支撑，那么，可以成立专门机构，负责指导和管理村镇银行的信息科技治理、信息安全、信息系统开发、测试和维护、信息科技运行、业务连续性管理、外包等范围内所有的流程、步骤和活动，协调制定有关信息科技风险管理的策略，提供合规性的信息及建议等各项工作。

3. 探索村镇银行金融科技服务集中提供模式

对于主发起行没有足够科技支撑能力，又难以找到合适的第三方外包服务机构的村镇银行，可以借鉴某些城市商业银行的经验，由村镇银行共同发起、抱团取暖，构建村镇银行金融科技服务的集中提供模式，弥补单个村镇银行的劣势。可以考虑的方式包括村镇银行共同出资，组建专业化系统建设与运维团队，费用公摊，成果共享。这样，一方面能够加快信息系统建设步伐和选择适合村镇银行的产品，另一方面对信息系统运维中

的问题及村镇银行新需求能及时解答、处理，对村镇银行降低信息科技风险起到积极的作用。

4. 培育科技应用的人才，发挥绩效考核作用

村镇银行应保持合理的信息科技人才结构，从招聘对象、培训内容、薪酬激励、职业规划等方面入手，提升现有科技人才的综合能力，同时也要有计划、有策略地引进科技人才，建立健全科技人才的选拔、任用机制，提高员工信息科技应用的能力和风险防范的意识，从而从源头上实现科技应用的价值最大化。

发挥绩效考核对金融科技应用的指挥棒作用，在维持存款规模、贷款质量、利润水平作为一类考核指标的基础上，优化二类绩效考核指标的内容及标准，以银行卡发卡量为例，可细化为人均发卡量、网均发卡量、银行卡日均存款余额、银行卡结算量、银行卡占存款介质的比重等，人均发卡量及网均发卡量虽然仍是数量指标，但该指标核定的是人员贡献度和网点贡献度，在促进指标更加公平的基础上激发全员营销积极性，将银行卡日均存款余额、银行卡结算量作为质量指标，重在考核银行卡的激活率及交易率；银行卡占存款介质的比重

不仅强化了银行卡对普通存折、存单等媒介的替代率，也有助于由磁条卡向芯片卡的平稳过渡。

5. 创新科技手段，延伸服务范围

建设智慧型银行就是要运用金融科技的手段，实现服务全覆盖替代网点全覆盖，节约服务成本，扩大服务半径，增加服务内容，增强客户黏度，确保商业可持续发展。如果说物理服务网点和电子银行等路径是银行打通金融服务“最后一公里”的“标配”，那么以电子银行为平台打造的智慧型银行，则是村镇银行实现差异化竞争的金融利器。

村镇银行需延伸服务触角。一是在广大农村地区要加大电子银行渠道建设，大力拓展网上银行、手机银行、电话银行；加大乡镇自助机具布放，扩大服务覆盖范围。二是拓展服务方式，要积极推动助农取款服务，使农民足不出户就能享受到领取各类政府补贴、汇款、存取款、查询转账及其他金融类服务。三是加大智慧型银行宣传推广力度，使广大县域客户逐步转移到能够提供金融、消费、生活、服务的全面服务电子商务平台上。要进一步与“淘宝”“京东商城”“苏宁易购”等网上交易平台结合，使当地农副产品在网上交易，农户足不出户就能享受到“互联网+金融”带来的便利，这样既能降低交易成本，又能扩大客户资源，使其不受区域的限制。四是丰富金融产品。村镇银行要依托当地农业的生产特点，创新农村金融产品和服务，要从客户需求和使用习惯出发，探索开发线上全流程贷款、直销银行、移动支付等新产品和服务。同时，要进一步开发适合农村居民的金融产品，以进一步满足其存、贷、汇“三合一”功能，促进农村资金管理规范化和信息化。五是提高基础金融服务的便利性和可获得性，服务实体经济，将传统金融的深度与互联网的广度结合，加强渠道建设，实现金融服务互联互通，为社区居民及农户提供3A（任何时间、任何地点、任何方式）服务。

6. 与“软信息”相结合，使金融科技发挥更大作用

作为县域内的社区银行，村镇银行具有低成本获取“软信息”的独特优势，不可因金融科技应用而放弃这一优势，况且我国农村的信息技术、互联网应用还有很大的提升空间，广泛而深入地应用金融科技的条件还不完善。村镇银行不可完全放弃自身的社区银行优势，而

单纯依靠金融科技。金融科技的应用需要农村适宜环境的形成，需要金融科技与社区“软信息”优势的融合运用，这样才是真正的智慧型社区银行。

六　结语

（一）结论

通过对116家调研村镇银行的问卷调查、课题组的实地调研、对金融监管部门公布的数据以及典型案例分析，本报告得出以下基本结论。

1. 村镇银行发展的政策环境稳定而友好，但还存在一定的改进空间

总体上看，自2016年以来，宏观经济政策以及金融政策都为村镇银行提供了稳定而友好的生存和发展环境。但宏观审慎评估政策执行初期在一定程度上对村镇银行的业务开展产生了比较大的影响。如何针对村镇银行的社区微银行特征以及立足县域、“支农支小”的定位，对宏观审慎评估政策进行适当调整，避免影响村镇银行正常的健康发展是有待解决的问题。

2. 村镇银行已成为促进县域经济社会发展、“支农支小”的新生力量，取得了较好的社会绩效。但是村镇银行之间的表现差异较大，社会绩效意识和管理制度亟待加强

2016 年以来，整体看，村镇业务覆盖广度有所拓展，覆盖深度有所加深，在“支农支小”、激活农村金融市场、健全农村金融体系、发展普惠金融和支持农村经济社会发展方面发挥了重要作用，而且为自身的发展拓展了市场。

但是，村镇银行在市场定位、服务覆盖深度等方面差异很大，而且很少有村镇银行深入了解社会绩效管理的含义与基本内容，多数简单地将企业社会责任作为社会绩效，并且把履行企业社会责任等同于社会公益活动，没有明确意识到企业作为社区一分子所应发挥的社会功能，因而缺乏社会绩效意识，也没有明确的社会绩效管理制度。

3. 2016年村镇银行整体发展平稳，取得了较好的财务绩效，但是村镇银行之间的经营状况分化比较严重。未来村镇银行可能开始进入分化加剧时期

村镇银行的数量、资产以及业务规模平稳增长，整体上看，流动性风险较小，不良率处于较低水平，经济效益性指标好于其他银行业金融机构。但是，从流动性、效益和经营效率等指标看，2016年村镇银行之间的分化现象与2015年相比趋于严重。村镇银行可能由此进入经营状况分化加剧时期。

4. 村镇银行在国家扶贫开发工作重点县和集中连片特殊困难地区县的覆盖面不足一半，与政府创设村镇银行制度的初衷相比还有较大距离

绝大多数村镇银行都分布在东部沿海和中部地区，西北、西南部地区覆盖率低，贫困地区覆盖率不足一半，这些都应是政府、主发起行和村镇银行投资者所高度重视的，应是村镇银行发展的重点，也是难点。

5. 村镇银行具有明显的社区微银行特征，具有开发并利用社区客户“软信息”的优势，应定位于县域

及县域以下城乡金融市场，但是，对这样的市场定位并不是所有村镇银行都已理解和把握

从村镇银行建立的政策背景、银行注册和经营地域以及村镇银行的规模、客户以及人力资源特点，都可以看出村镇银行社区银行和微银行的特征，应该立足县域，服务小微企业和“三农”。但是，对于这样的市场定位的理解和把握在村镇银行之间差异较大，有些村镇银行很好地理解并把握了这一定位，而有些村镇银行只在城镇地区做较大额的信贷业务或偏离存贷汇等传统业务，缺少深入农村服务小微和农户的意愿和能力。

基于人际关系所产生的“软信息”及其利用是大数据难以替代的，而且我国农村仍然具有明显的传统社会特征，信息化和互联网以及无线互联应用的程度都还有限①，人们使用金融科技的习惯并未广泛形成，“软信息”能够有效降低信息不对称性，提高把控风险的能力。村镇银行在社区内部以较低成本获得的“软信息”是其重要的战略资源和优势所在，应充分利用，

① 截至2017年6月，我国农村互联网普及率为34.0%，但低于城镇35.4个百分点。参见中国互联网络信息中心《第40次中国互联网络发展状况统计报告》，http//www.cnnic.cn。

为县域内的小微企业和城乡居民提供差异化、个性化和灵活便捷的金融服务。

6. 村镇银行在利用金融科技方面取得了一定的成绩，但仍处于初级阶段，面临很多困难，需要丰富和优化金融科技服务渠道，提高服务水平

许多村镇银行在主发起行的支持和帮助下，已经利用金融科技创新和丰富产品，改进服务方式，提升服务质量，扩展客户范围，提高客户黏性，取得了很好的效果。但是，村镇银行在深化金融科技应用方面仍处于初级阶段，面临着许多障碍，主要是缺少人力资源以及金融科技研发和维管投入缺乏规模效益等。村镇银行现有的金融科技研发、维管和运营模式各有利弊，可以在此基础上探索村镇银行的金融科技服务集中提供模式。

7. 农村金融市场竞争的加剧和村镇银行自身管理水平的差异，加重了村镇银行经营状况分化程度，为村镇银行发展前景增添了不确定性

当前农村金融市场受到两股重要力量的推动，竞争呈现加剧之势。首先，在普惠金融大潮的推动下，大型商业银行成立的“三农”事业部、扶贫事业部或普惠金融事业部，纷纷下移服务对象，其中一些开始向小微企业和农村、农业和农民提供金融服务。同时许多农村商业银行积极拓展农村市场，深化服务。其次，互联网金融方兴未艾，电商企业、农资企业都在利用已有的业务网络开发农村金融市场。金融科技也为大中型商业银行和中小农村金融机构降低了服务“三农”的交易成本，并提供了更多的风险管理手段。银行业务下移与数字技术的叠加大大加剧了农村金融市场的竞争程度，使村镇银行的市场空间被大大压缩。

此外，从本报告课题组实地调研的情况看，不同的村镇银行，即使是同一主发起行的不同村镇银行，实际运营质量的差异可能也很大。造成这种情况的原因既有竞争等各种外部因素，也有经营战略、理念、人员素质、管理水平等很多内部因素。

美国社区银行发展经验表明，当互联网技术降低了大银行与小客户的交易成本时，大银行可能抢夺小银行的客户，致使不能及时调整策略、增强竞争力的社区银行就面临业绩下滑、破产或被并购的前景，社区银行的数量因此不断减少[①]。

尽管中国村镇银行与美国社区银行不可完全等同，中美金融体系差异也较大，但是，中国村镇银行面临的市场竞争和自身管理能力的挑战并不亚于美国社区银行，市场定位不准或管理不善都会导致经营状况的恶化。2016 年，包商银行受让渣打银行持有的和林渣打股权[②]。2017 年 4 月，中国银行宣布将收购国家开发银行持有的 15 家村镇银行股权[③]。这些并购案可能仅仅是我国村镇银行并购整合的开始。

未来五年，将是村镇银行发展的关键时期，如果发展顺利，村镇银行作为一种新型农村金融组织形式就基本上可以在农村稳定下来，否则将可能大面积面临重组并购，甚至破产。

---

① 参见 Robert DeYoung，William C. Hunter《放松管制及互联网对大银行及社区银行竞争力之影响分析》，杨宝臣、苏云鹏、董越译，载中国民主建国会重点课题调研组、中国民主建国会天津市委员会组编《社区银行研究文集》，经济科学出版社 2006 年版，第 328—329 页。

② 张漫游：《外资行布局村镇 9 年临考》，《中国经营报》2016 年 12 月 10 日，http：//www. cb. com. cn/finance/2016_ 1210/1173749. html。

③ 中国新闻网：《中行 9. 78 亿元拟收购国开行持有 15 家村镇银行股权》，2017 年 4 月 27 日，http：//www. chinanews. com/fortune/2017/04 - 27/8210760. shtml。

（二）建议

为了村镇银行的健康发展，使其发挥县域社区银行的应有作用，促进我国农村金融市场的有序健康发展，推进普惠金融事业，本报告提出以下村镇银行各利益相关方应该努力的方向。

1. 根据村镇银行社区微银行的特性，调整宏观审慎评估政策，延续和真正落实各项财税扶持政策

村镇银行在我国银行体系中位于末端，是典型的社区微银行，在金融体系中的体量微小，应根据这些特点考虑调整宏观审慎评估政策对于村镇银行的适用办法，做到既可以实现宏观审慎评估政策的目标，又不影响村镇银行发展的活力，例如，对于 MPA 政策，可考虑适当加大村镇银行的信贷政策导向在结构性参数中所占比例，对于支农支小比重较高的村镇银行适当降低结构性参数，使村镇银行有更多的信贷增长空间。

当前，对于村镇银行发展的扶持性财税政策文件已有不少，当前紧迫的问题不是出台新的扶持政策，而是

延续相关扶持政策，如2016年9月，财政部印发的《普惠金融发展专项资金管理办法》，规定“东、中、西部地区农村金融机构（网点）可享受补贴政策的期限，分别为自该农村金融机构（网点）开业当年（含）起的3—5年内”，在当前经济下行期可考虑适当延长补贴年限。

同时，按照2017年中央一号文件要求，真正“落实涉农贷款增量奖励政策”，把村镇银行应该得到的扶持资金及时拨付到位。

2. 应制定贫困地区村镇银行全覆盖的优惠政策，鼓励主发起行和当地民间资本在贫困地区建立村镇银行

完成2020年脱贫攻坚任务以及支持贫困地区的长期发展，需要加强金融支持，应推动欠发达和贫困地区村镇银行尽快全覆盖，鼓励商业银行联合当地的民间资本，主动在贫困地区发起成立村镇银行，或者在“一行多县”的政策下，允许符合条件的村镇银行向贫困地区开展业务。

3. 村镇银行应该清醒地认识到自身的社区微银行

的基本特征和服务县域小微企业和“三农”的市场定位，并主动加强社区性特征

在坚持主发起行制度的同时，应推动村镇银行股权本地化和社区化，吸收当地自然人或法人成为股东，并使股权结构相对集中。同时，村镇银行也应实现员工本地化。这种股权结构和员工结构有助于村镇银行作为社区银行有效获得当地企业和居民的信用状况等各类信息，能够以较低成本获取“软信息”，有效解决村镇银行面临的信息不对称问题。

村镇银行应着力加强高层管理团队建设以及普通员工的选拔和培训，树立智慧型社区微银行的理念和市场定位，开发和培养符合发展战略的各种管理与运营能力，打造社区邻居银行、管家银行的社会形象。

村镇银行应建立明确的社会绩效政策、组织体系和考核机制，从董事会到管理层直至员工，都能够正确理解和领会社会绩效管理的实质，自觉实施社会绩效管理制度，促进村镇银行落实“立足县域、支农支小”的社区微银行基本定位，让股东、社会和员工互利共赢，共享发展。

4. 村镇银行应以“双轮驱动”建设智慧型社区微银行，在充分利用金融科技的同时重视利用自身定位社区银行的特有优势

金融科技已展现出重塑金融业的力量，传统金融机构应把金融科技作为战略而非战术[①]。从长远看，村镇银行必须将金融科技应用作为一项重要战略，走智慧银行之路。但是，对于村镇银行而言，智慧不能仅仅体现在利用金融科技上，也应同时表现在与客户及其社区的关系上。村镇银行居于社区，与社区企业和居民为邻的优势是大银行难以相比的。

从美国社区银行发展的经验看，即使技术不断进步，社区银行仍将保有重要优势。例如，在美国新设立的企业非常多，总会有一些值得投资的企业不能通过信用评级测试，很多企业仅仅是因为成立的时间太短，还没有建立起信用记录，而且企业主可用于抵押的私人财产也很少。因此，社区银行在提供关系型贷款等服务方面继续扮演重要角色。管理完善并采用了适当技术的社

① 《新技术能否颠覆传统金融业》（卷首语），《中国金融》2017 年第 12 期。

区银行能够与其他金融机构竞争①。

因此，村镇银行不应厚此薄彼，忽略自己的优势所在，应实施金融科技与社区银行优势“双轮驱动”战略。

5. 村镇银行应用金融科技需要有规模化、集约化、专业化并能满足个性化的服务平台支撑

鉴于金融科技投入大，投资回收期长，需求多样、差异大等特点，现有的村镇银行技术支持来源方式各有利弊，一个可以考虑的解决方案是为村镇银行建立专门的科技服务平台，做到规模化、集约化、专业化，并能满足村镇银行的个性化需要。

6. 应适时研究制定村镇银行经营不善的退出机制和并购政策措施

鉴于村镇银行经营状况分化的现实和可能前景以及各家主发起行经营战略的调整，在加强监管的同时，有

① Thomas M. Hoenig：《社区银行与美联储》，徐保满、纪英译，载中国民主建国会重点专题调研组、中国民主建国会天津市委员会组编《社区银行研究文集》，经济科学出版社2006年版，第257—258页。

必要研究制定村镇银行或其主发起行的退出机制，以及规范并购整合的政策法规。这既是防范银行业风险的需要，也是支持有条件的村镇银行及其主发起行整合行业资源，增强服务县域经济能力的需要。

7. 鼓励倡导、支持和探索真心深耕与服务普惠金融底端客户的“社会企业”类村镇银行的发展

推动普惠金融的发展，尤其需要增强社会底层人群的金融服务可获得性。然而，这一问题远远没有解决，当前的一些金融扶贫行动流于形式，或是依赖政府补贴的特惠金融。即使在非贫困地区，位于草根阶层的人群也难以获得金融服务。而社会上有一些有强烈社会责任心的人士愿意投资于为草根人群服务的金融机构。政府应在政策法规上倡导和鼓励这些人士在贫困地区发展“社会企业”性质的村镇银行，走出一条真正符合普惠金融特征要求的金融扶贫之路。这是我们社会主义国家金融监管部门和有情怀、有社会责任追求的企业家所不可推卸的责任、义务和担当所在。

七 国内案例

（一）四川省仪陇惠民村镇银行

四川省仪陇县有108万人口，是一个以传统种养业为主的农业大县和国家级贫困县。四川仪陇惠民村镇银行是由四川天府银行（原南充市商业银行）发起，于2007年3月1日开业，注册资金200万元，是全国第一家村镇银行。该行经过近10年的艰辛发展，坚守“服务三农、惠民共赢”的市场定位不动摇，初步探索出了一套符合村镇银行市场定位的经营与管理模式，既为农村市场提供了金融服务，又实现了自身商业可持续发展。

目前，该行有股东43个，发起行持股1500万股，占股比例为50%；法人股东6个，持有1270万股，占比42.3%；自然人股东均为该行员工，持股230万股，占比7.7%。现有11家全功能支行，102名员工。截至2016年年末，该行资产规模38.35亿元，存款余额31.6亿元，贷款余额22亿元，在全县金融机构中排名第二。2016年贷款业务收入19918万元，实现税前利润11530万元，税后利润9670万元。近几年来，涉农贷款年平均增速69.42%、小微贷款年平均增速218.16%，分别比当地银行业金融机构高32个百分点、159个百分点，涉农和小微贷款的占比一直保持在98%以上。2016年年末户均贷款余额仅为35万元，为全省村镇银行最低。

截至2016年年末，该行发卡（折）量为190228张，卡内存款余额94974.78万元；网上银行累计交易户数为23496户，交易金额487643.67万元；手机银行累计交易户数为4000户，交易金额323.5万元。2016年年末仪陇惠民村镇银行达成部分监管指标情况如表7－1所示。

表7－1　2016年年末仪陇惠民村镇银行达成部分监管指标情况

单位：%

项目	资本充足率	流动性比率	资产收益率	存贷比
取值	18.71	77.74	2.70	69.63
项目	成本收入比	资本利润率	不良率	贷款拨备率
取值	29.86	28.56	1.44	2.92

资料来源：仪陇惠民村镇银行。

1. 创建“农村金融业务联络员”模式

由于县域经济发展水平低，农村金融服务“成本高、风险高、收益率低”的“两高一低”特点尤为突出。与农村金融市场中的“老牌正规军”——农村信用社相比，村镇银行属新生事物，成立时间短、网点少、社会公信力和群众认知度还在积累中，特别是负债业务发展尤为艰辛，中间业务发展缓慢，资产业务成本较高。如何以优质服务为切入点，把服务网络延伸到最底层的农村乡村中去，能够既支持“三农”又实现银行自身的商业可持续发展，成为该行所面临的重点课题。在大量调查研究的基础上，该行认为，零售业务批量化经营可解决成本高的问题；利用“熟人社会”关系网，从信息对称的角度来化解风险高的难题；采取上量上规模的做法，即使不能解决收益率低的问题，也可以实现盈利。这三条路径的最佳实现方式就是“农村金融业务联络员”模式。但该行在推行过程中，遇到了许多困难，特别是如何甄选联络员。

该行立足仪陇本地实际，将联络员的甄选与业务发展有机结合起来，确定了联络员选择的标准与范围：

①选择对当地情况熟悉，有较好群众基础，人品好，夫妻双方愿意，组织能力较强又德高望重者担任联络员；②与农村各类经济合作组织、资金互助社、扶贫互助点进行合作，请它们推荐组织中有组织能力、愿意牵头帮助老百姓致富的人担任联络员；③由农业专业协会（如兔业协会）的会长、技术负责人、销售负责人等人担任联络员，运用其技术和资源专长，促进当地生产和经济发展；④在规模化的农业示范园区和县域内大小社区选择具有一定影响力的人担任联络员；⑤在农贸市场、物流中心等选择有一定经济实力和经营头脑的人担任业务联络员。值得注意的是，该行尽量不以行政村、社区干部为业务联络员人选；尽量不以行政村、社区作为业务联络员服务片区，目的是与其他农村金融机构实现差别服务、错位竞争。

业务联络员们发挥了银行业务推广与宣传的媒介作用，将该行的金融产品和金融服务推向了大街小巷和田间地头，使得银行实现了业务从农业、农村、农民，到城乡小微企业、个体工商户、城乡居民的广泛覆盖。业务联络员所营销的存款客户一般都是定期存款，业务联络员作为代理人员不能染指客户的现金，由该行专人专车接送客户办理存款；推荐的贷款业务是否发放，完全由该行客户经理双人实地调查后决定，并且实行面谈面签和由业务联络员提供保证担保的方式，同时，强化业务联络员贷后管理作用等措施，从而有效降低代理人员的操作风险和客户的信用风险。

业务联络员推荐客户贷款的方式有信用、保证、联保、抵押和质押等；还款方式灵活：包括一次性还本、分期等额还本、非等额还本等，大部分贷款均采取了分期还款方式；贷款用途涵盖农村种养殖业、农村小微加工业、农村流通网点。

该行通过业务联络员联保制度，建立了有效的抵押品替代机制。为了解决小额贷款信息不对称的难题，保证业务联络员提供信息的真实性，该行要求业务联络员必须为其所介绍贷款提供保证担保，并根据联络员的实际能力核定最高担保额度。为了防止借款人与业务联络员形成共谋，要求业务联络员组成联保小组，为辖区内所有贷款承担联保。通过建立业务联络员联保制度，形成了相互制衡机制，并有效缩短了服务半径。

该行从 2008 年开始，从无到有陆续搭建起特色鲜明的业务联络和营销网络。目前已有业务联络员 126

位，遍及仪陇县25个乡镇360个行政村，已通过业务联络员网络将金融服务延伸至农村腹地。通过加强制度建设、金融知识培训、择优录取、优胜劣汰等措施，不断提升业务联络员的服务质量和业务水平。截至目前，业务联络员累计向该行推荐存款客户4270户，存款金额3.1亿元；推荐贷款客户2648户，贷款金额10970万元，户均余额5万元以下，最小贷款金额为1000元。业务联络员业务量占该行传统农村业务的73%，可以说，“农村金融业务联络员”模式取得了实效。

专栏7－1

农村金融业务联络员助力村镇银行拓展农村金融业务

钟某，50岁，是该行发展的第一批农村金融业务联络员之一，为该行拓展农村金融业务立下汗马功劳。一个偶然的机会，在客户经理下乡调查信贷业务时，从当地农户口中了解到有一个人在当地声望颇高，村民有什么困难、问题，都要先找他咨询解决，这个人就是钟仕生，曾任该村党支部书记，在任期间，为该村修路、修沼气池、低产田改造等，切实改善了该村生产生活条件。逢年过节，他用自己微薄的工资收入，为村上五保户、贫困户买米买油，此人为老百姓办实事，赢得了村民的好感与信任，无论是其在任上还是任下，该村谁家不管大事小事都要请他拿个主意、给个意见，被老百姓当成自家人。这样的品质和声望正是该行金融业务联络员所应该具备的。该行工作人员联系上了钟仕生，当面详细介绍了农村金融业务联络员的运作模式、工作内容、责任以及目的，双方在为农户提供金融支持，实现脱贫致富这一目的上不谋而合，钟当即表示愿意成为该行金融业务联络员，为农村金融业务发展出一份力，让更多的当地农户脱贫致富。

该行与钟从 2008 年 12 月开始签订代理合同，钟组织该村村民 200 余户把土地赔偿款 450 多万元存入该行。目前该联络员已组织存款 600 万元，贷款业务量 450 万元，无逾期、无不良贷款。

2. 信贷产品创新、与各类专业经济组织合作、“产业链互惠”业务模式

“量体裁衣”式的信贷产品创新。该行根据仪陇县经济发展特点，深入开展市场调研，及时掌握农户、种养大户、农业企业和个体工商户等客户群体的有效金融需求，根据客户需求特点开发产品，如小额农户贷款（5 万元以下）、专业农户贷款（10 万—300 万元）、失地农民创业贷款；还先后开发了夕阳红养老保险贷款、安居乐村镇居民住房贷款、农家乐观光旅游业贷款、农民工外出务工路费贷款等种类齐全、方式灵活、特色鲜明的 25 款农村金融产品。创新“粮站 + 农民专业合作社 + 农户”生产经营贷款模式，取得显著成效。针对“三农”客户抵押物缺失的情况，该行大力推广不动产抵押及动产质押贷款、担保贷款，积极开办仓单、仓储、股权、收费权、应收账款质押贷款。为减轻客户融资成本，该行开展和客户商量自评抵质押物价值，不收评估费、手续费等任何费用。全面推行“一次抵押，循环使用”最高额抵押贷款。该行的专业农户、个体工商户客户群数量以 30% 的速度逐年递增，涉农贷款占比一直保持

在98%以上，小微企业贷款、农民专业合作社贷款、家庭农场贷款增速高于该行贷款平均增速14.5个百分点。

专栏7－2

仪陇惠民村镇银行“量体裁衣”，推出“失地农民养老保险保证贷款”信贷产品

仪陇县新县城于2005年开始整体搬迁至仪陇县新政镇，新县城建设规划为18平方公里，新政镇附近乡村农户大都因新县城的建设逐步成为失地农民。该行客户经理在开展金融服务“进村入社”时了解得知，仪陇县新政镇的失地农民将纳入社会保障体系管理，农民只需按照相关要求交纳3万—7万元保险金，即可享受失地农民养老保险的相关政策，但部分农民虽然具备申请养老保险的资格，家中却一时拿不出足够的钱缴纳统筹保险金。该行反复论证如何在风险可控的前提下最大限度地满足农民购买养老保险的贷款需求，在县内及时推

出“失地农民养老保险保证贷款”信贷产品。只要借款人的信用良好，有偿还能力，符合该行小额农户贷款的相关条件即可办理。截至目前，该行累计发放失地农民养老保险贷款1426笔，金额4216万元，惠民助农的金融服务获得了地方党政和广大农户的一致好评。

提高信贷支农的有效性、针对性。仪陇惠民村镇银行与农村扶贫互助社、社区居委会、工商业联合会、食用菌协会、兔业协会、养猪协会等签订合同，专业组织向该行推荐专业农户的存款、贷款业务。目前，通过18个农村专业经济合作组织向84户专业农户发放贷款924万元，户均11万元，其中包括：支持养猪大户50户，存栏种母猪600头，存栏肥育猪20000头；蔬菜种植专业户22户，建蔬菜大棚307个；水产养殖大户12户，鱼塘130亩，等等。该行通过这种展业方式支持了当地农村种植业、养殖业、果业和蚕桑业的发展。

仪陇县丰谷稻米种植农民专业合作社因扩大经营规模缺乏资金，但是没有抵押物难以获得信贷支持。为了达到既控制风险又能推动稻米加工企业、仓储企业与丰谷稻米合作社深度合作的目的，该行设计了一款以加工企业、仓储企业自有库存粮食作为质押物，合作社承贷并获得相应流动贷款资金的信贷产品。该行引导仓储、加工企业与合作社签订收购合同，明确以保护价格向合作社收购优质稻谷，加工企业消化不完的粮食可通过仓储企业申请转为储备粮，合作社利用粮食生产和收购资源保障下游企业原料供应，实现多方共赢。

“产业链互惠”业务即该行针对农民专业合作社抵押担保缺失而创新设立的贷款新模式，农民专业合作社通过上下游企业代为提供抵（质）押、担保，或由社员农户联保取得所需的信贷资金，壮大发展实力；参与联保农户获得资金需求方一定的利益补偿，并从保护价中获得优惠收益；代为担保企业获得稳定的优质货源和一定的利益（原料优惠价差）补偿；该行分散风险并获得实际收益，且培养了潜在客户，扩大了社会影响。“产业链互惠”模式的客户经理可以从产业链条上的任何一个节点及时掌握整个行业的经营变化情况，有助于及时加强贷款动态管理，有效地识别和预防贷款风险。对联保贷款，该行主要考察联合保证人的人品及信用状况、家庭收入来源及个人从业经历等。对于动产质押贷款，便于移动的，将质押品移动到指定的处所进行专门管护；不便移动的质押品，租用仓库实行专门或专人管理。同时，客户经理跟踪贷款资金使用，并根据资金运行状况，监督产品到位情况和抵质押物解除比例，及时防范贷款风险。

通过这种模式，该行累计为丰谷稻米合作社发放短期流动贷款3600万元。在该行的支持下，仪陇县丰谷稻米种植农民专业合作社已经成长为一家集稻米种植、收购、运输、技术指导于一体的农民专业合作社，有优质水稻生产基地、核心及普通种植区8.1万亩，带动仪陇县45个乡镇的水稻种植，辐射农户15万户。

专栏7-3

仪陇惠民村镇银行“产业链互惠”，助力农户发展

该行与种植农户、农民专业合作社、新政粮站相互签订战略合作协议，向11家农民专业合作社提供贷款，用于购买种子、肥料配送农户，培训种植技能；11个农民专业合作社

带动组织25个乡镇8万户农户种植优质稻；新政粮站与专业合作社签订粮食保护价收购协议，并以此向该行提供反担保。这种运作模式实现了资金流动与生产流程相匹配，通过封闭运作防控风险，使8万余户农户每年增收800—1000多元，该行该项贷款一直保持1.6亿元余额。

3. “抱西瓜、捡芝麻”，全方位的金融服务

仪陇县的种养大户、龙头企业以及个体工商户在经营过程中有大额的信贷资金需求，而村镇银行、贷款公司受到资本金的制约，无法单独予以满足。针对大额贷款需求，该行采取“三位一体”运作，整合金融资源，加大金融供给力度。“三位一体”运作是指发起行四川天府银行、村镇银行、贷款公司三家金融机构协同运作，四川天府银行向村镇银行输送人才、技术和资金，村镇银行、贷款公司拓展四川天府银行的业务范围和领域，达到整合金融资源的目的。三家金融企业共同提供大额、中长期信贷资金，解决种养大户、龙头企业、个体工商户的融资“瓶颈”，为城市金融反哺农村金融提

供更多、更快捷的渠道。截至2016年年末，该行通过此模式已累计支持本地种养殖大户和龙头企业25家，累计发放贷款3.5亿元，帮助龙头企业采用“公司+农户”模式带动更多农民走上发展致富的道路。

该行探索参股资金互助社，支持、引导农村最基层的金融组织活动，扩大服务范围。资金互助社是解决农户小额、临时性资金需求的有效途径，仪陇县在培育资金互助社方面已经积累了一定的成功经验。但由于资金互助社的资金来源主要由扶贫资金、农民入股资金组成，可能存在资金来源不足的问题，在管理方面也存在一定的缺陷，并存在一定的经营风险。该行向每个资金互助社入股10万元，并提供技术支持。资金互助社实施自主管理、自主经营，该行对资金互助社经营管理进行监管。正规金融机构入股资金互助社可以扩大互助社规模，增加农户贷款受益面，有效提高资金的使用效率，使资金互助社运行更规范，降低其经营风险。参股资金互助社将零售业务批量经营，降低了管理成本。目前，该行已与仪陇县13个资金互助社合作，累计发放小额农户贷款100余万元，单笔贷款几千元不等，共200余农户从中受益。

引进农业保险，降低、分担信贷风险。在地方政府的支持下，仪陇县种兔保险、生猪保险逐步推开。同时，他们还与人寿保险公司合作，开发了“贷款人无忧”保险产品，降低因人身意外伤害而丧失还款能力所带来的贷款损失。该保险以贷款数量为最高赔付额度，保费较低。

4. 与当地政府合作，积极参与金融扶贫

一是与政府劳务办合作，开发了农民工出国务工路费贷款产品，累计发放贷款 86 万元。二是与仪陇县卫生局合作，参与仪陇县农村医疗卫生基础设施建设项目，给乡镇卫生院、边远地区村卫生室和城市社区卫生服务中心投放中长期贷款 1100 万元，一些乡镇医院购置了 CT 等检查设备，增加了床位，农民不出县就可检查身体和治疗疾病。由于该行的积极介入，仪陇县卫生系统的平均利率由原来的月息 9‰以上降低至月息 6.96‰，该行此举在全县赢得良好口碑。三是支持工业品下乡，农产品进城，和仪陇县商贸局合作，给 37 家农村微型超市、4 家农村专业市场发放贷款 520 万元；为仪陇县国家粮食储备库和新政镇粮油经营管理站仓单质押贷款先后发放5笔，金额400余万元。四是为农村道路修建、垃圾处理、改水改厕、灾后重建等基础设施项目提供1870万元的信贷支持。五是结合返乡农民工创业工程，整合扶贫资金与信贷资金，在仪陇县的5个试点村中，发放支持农民工创业贷款82笔，金额260余万元。

（1）精准扶贫

仪陇县马鞍镇险岩村计划发展40万袋香菇种植和12万只蛋鸭笼养产业，在种养技术与自然环境等条件具备的前提下，通过专合社等新型农村经营主体将农业产业化龙头企业和农户紧密联结在一起。该行运用支农再贷款，在5天内向29户参与香菇种植扶贫项目的贫困农户授信350万元，户均授信10万—15万元，年利率4.75%，农户根据项目进度用款；该行已介入蛋鸭笼养农户的授信调查，预计将对28户贫困农户提供扶贫授信支持，授信金额1100万元。

（2）产业扶贫

2016年，该行与主发起行四川天府银行共同推进仪陇产业扶贫，通过“产业化龙头企业+农民专业合作社+农户”的模式，为仪陇县重点扶贫村安溪槽村引资引智，引进四川绿科禽业有限公司落户该村，带领44户贫困户组建仪陇县安溪潮蛋鸡养殖农民专业合作社进行蛋鸡养殖。为确保项目的顺利建成投产，该行全力为专合社做好资金保障，根据企业实际量身定制“设备抵押+专合社成员担保”融资方案，运用中国人民银行扶贫再贷款累计为专业合作社提供贷款1200万元，既保障了专合社蛋鸡养殖基地的顺利建成，又有效地降低了专业合作社的融资成本。

（3）小额信贷扶贫

该行积极配合地方财政和扶贫移民局，签订三方合作扶贫协议，制定扶贫小额信用贷款管理办法，大力开展小额扶贫信贷工作。截至2016年12月31日，该行发放扶贫小额信用贷款1291户，金额3124万元；在县内四家涉农金融机构中排名第二，其中该行责任片区立山支行发放719户，金额1440万元，覆盖率82%，覆盖率在四家涉农金融机构中排名第一。

（4）智力扶贫

2016年，该行积极组织辖内各支行，对所属地各行各业、广大人民群众开展金融知识普及活动，如“送金融知识下乡”“金融知识进万家”“金融知识进校园”“小微企业金融服务宣传”等，累计开展类似宣传活动60余场，发放各类金融知识宣传折页30000余份，宣传面覆盖支行所在所有乡镇，宣传触角逐步延伸到周边乡镇、社区、学校、商业街、专业市场等区域，宣传覆盖范围进一步扩大。

5. 打造专业化服务队伍

该行把专业化服务作为“专营小微、支农扶小”的实施路径，实现与“三农”、小微客户的零距离接触。依据县域产业特点、目标客户群体、未来发展规划，设置农业产业化金融服务、农村服务业金融服务、农村人居环境改造金融服务三个专业化业务条线。各条线专注细分市场，开展需求调查、开发金融产品、制定专项管理制度、抓好业务指导。

按照“一组一业、做深做透”的原则，建立了11个客户经理组。根据客户经理的行业熟悉程度，以专业客户经理组的方式，进一步细分业务领域。针对农业生产资料销售、农产品加工及仓储、农村养殖业、农村种植业等领域开展专业化服务。每一个专业化客户经理组织精干力量，根据国家产业政策，结合当地有效金融需求，开发金融产品，设计调查模板，设定风险控制措施，抓好贷款管理工作，做好贷款回收及贷款后评价工作。

根据“职业化道路、专业化方向”的工作要求，培育“进农村、知农事、懂农业”的客户经理队伍。优先选聘本地的农村大学生和当地大学生村干部，进行专业化农事知识培训，达到“支农必先知农”的要求。每年安排三次考试，考核专业条线农事知识，如农村养殖业客户经理组考试内容涉及生猪的习性、每天需要多少饲料的热量等知识。考分作为当年员工定级的考评分。

建立“制度保证、奖惩激励”机制安排引导专业化工作。客户经理不允许跨领域发展业务，违反规定的取消客户经理任职资格；专门设立营销考核要求，下达农村个体商户、小微企业、农民专合社的信贷任务，客户经理的“三农”、小微的客户越多，绩效奖励就越高，达到 180 户以上的，绩效考评加 5 分。目前该行的 3 个专业化客户经理条线共有 31 人，每年走访农户 5299 人次。

该行以这种模式和程序，有效地推进了客户经理专业化建设和特色化经营工作。

6. 点评与分析

“十年磨一剑”，村镇银行经过近十年的发展，从无到有、从小到大，已经在我国广袤的农村地区落地生根，在激活农村金融市场、健全农村金融体系、发展普惠金融等方面发挥了重要作用。作为中国第一家村镇银行，四川仪陇惠民村镇银行十年来坚守县域，不忘初心，将服务“三农”的金融业务做精做实，值得肯定。

该行在当地的客户涵盖了从中型的城镇、农村产业龙头企业到小型、微型企业、个体工商户、农户等，它们在信贷方面的需求差异很大，该行创建“三位一体”模式满足客户大额、中长期的信贷需求；聘用“业务联络员”解决农村金融服务“最后一公里”的难题。既抱着西瓜，又捡起芝麻，不放过任何展业机会，在县域金融市场起到了拾遗补阙的作用，促进了当地经济发展。值得一提的是该行的风险管理和防范，在调研中发现，该行的风险执行官由发起行派驻，独立建制，对该行进行风险预警和管理。该行有前、后台分离并相互制衡的信贷风险管理制度，实行贷款双签授信规则。经营班子高度重视风险防控，经常性组织员工参加案防培训考试，常态化开展内控风险排查、整治。注重培养信贷员队伍是村镇银行未来发展的基石。该行组建按照专业条线划分的客户经理队伍，深耕县域农村市场，针对不同的客户群体设计金融产品，提供差异化服务。村镇银行在信贷员选拔、培养、奖惩机制、职业发展路径等方面建立起规则和措施，培养出信贷员团队才能带来客户和业务，发现、留住、用好人才是村镇银行保持竞争力的核心要素之一，四川仪陇惠民村镇银行在这方面提供了一些宝贵经验。

（二）安徽省无为徽银村镇银行

无为县地处皖中，现辖 20 个乡镇、2 个省级经济开发区，全县总面积 2022 平方公里，人口 122 万。除无城城区外，乡镇地区面积 1996 平方公里，占 98.7%，乡镇地区人口 97.1 万，占 79.9%。2016 年，全县实现地区生产总值 371.3 亿元，同比增长 9.1%。无为县拥有 30 万外出创业大军，是著名的“劳务之乡”，粮棉油及水产品产量均跨入全国百强行列，是传统的“鱼米之乡”。

无为徽银村镇银行由徽商银行作为主发起行，联合无为县政府及民营股东共同设立，于2010年8月8日正式开业。自成立以来，该行始终坚持立足县镇、服务“三农”，逐步形成了深耕农村市场的展业模式，在有效解决农村地区金融服务供给问题的同时，银行本身逐渐成长为地方支农的第一品牌。截至2016年年末，全行资产总额达30.49亿元，负债总额达28.22亿元，较年初分别增加6.88亿元、6.7亿元，分别增长29.14%、31.13%；各项存款余额27.86亿元，其中储蓄存款余额11.62亿元，较年初分别增加6.56亿元、2.81亿元，分别增长30.83%、31.9%；各项贷款余额16.22亿元，较年初增加5.38亿元，增长49.63%。主要经营指标持续居全省村镇银行系统前列。达成部分监管指标情况如表7－2所示。

表7－2　2016年年末无为徽银村镇银行达成部分监管指标情况

单位：%

项目	资本充足率	核心一级资本充足率	拨贷比	资产收益率	资本利润率
取值	14.92	13.81	2.80	0.67	8.25

资料来源：无为徽银村镇银行。

1. “农村信用共同体”模式

“农村信用共同体”是该行紧密结合当前县域农村社会、经济、金融环境的实际情况所创建的农村区域综合性“一揽子”金融服务解决方案。通过构建“农村信用共同体”，全面收集区域内农户、村集体的基础信息，开展“整村授信”满足小农业生产、生活的金融综合需求。

第一，以行政村或几个自然村为单位对区域内的在村农户进行全面摸底，开发村镇银行客户关系系统，在采集各类数据的过程中，注重将村镇银行的服务理念、基础金融知识向农户普及。第二，根据农户生产、生活的需求现状及发展趋势，将其划分为小康型、温饱型、贫困型三个类别，以此为依据开发了农贷、微贷、消费贷“呱呱叫”系列产品，产品定价主要结合客户贡献度进行综合评定。第三，风险控制模式采取多维手段。以村镇银行客户关系系统为基础层，全面掌握农户各类家庭、社会关系及实际生产发展状况；以中国人民银行征信系统为筛选层，对有不良记录的人进行甄别；积极探索引入以阿里芝麻信用、腾讯征信等8家央行认可的个人征信机构，以此为参照层；借助“村碑”操作层，即客户所在村的村“两委”及村民的口碑，进行交叉验证、全面动态掌握情况。下一步，该行计划在此基础上进一步完善信息采集、维护、使用机制，努力探索投放农村信用贷款。

截至目前，该行“农村信用共同体”模式已涉及36个行政村，对1.1万农户授信4.5亿元，贷款余额1.4亿元，累计投放农户生产、生活类贷款3.9亿元。结合开展存款营销，吸收存款余额达3.1亿元。

通过构建“农村信用共同体”，该行对区域内各类主体的经济状况及发展趋势有了较为准确地掌握，结合调查摸底、主动授信、信贷投放工作，农户对村镇银行的各项服务有了较好的了解，村镇银行的影响力也逐渐增加，同时，结合以贷引存，有效地对客户及其宗族亲属、好友开展存款营销，最终使得该行在竞争激烈的区域内站稳了脚跟并拓宽了发展空间。

无为县城区建设、经济开发区建设在快速扩张，高铁、高速公路等各类重点工程建设也在迅速推进，农村地区征地拆迁规模越来越大。该行通过构建“农村信用共同体”掌握了农户的基本情况，因代发各类征拆补偿款业务掌握了征拆户们的资金状况。当地的多数征拆户由于失去了土地等生产资料，具有较为强烈的创业欲望，但是他们缺乏发展方向和相关技术。该行积极探索推动“整体社区授信”模式，具体做法是由该行所创建的“蒲公英学院”聘请各类专家对征拆复建点内的征拆户开展创业培训，同时，对相关征拆户实行主动授信、按需放贷，征拆户之间基于亲缘、地缘等实行互保，从而有效助推创业。截至目前，该行通过微贷、创业富民贷款共支持了500余户农民进城创业。该行的“整体社区授信”既稳定了征拆户的存款，也为下一步向相对较为复杂的城镇社区拓展业务积累了经验，打下了基础。

2. 以金融服务整合产业链条，纵向一体协同发展

无为县的鹅鸭养殖、羽毛羽绒加工、板鸭加工是优势传统产业，全县现有羽毛羽绒企业100余家，年销售收入超过25亿元，占据全国80%的羽毛市场份额，全行业从业人员近两万人。虽然鹅鸭养殖、羽毛羽绒加工、板鸭加工具备全产业链要素，但长期以来产业间割裂发展，为降低成本相互挤压现象十分严重，特别是白鹅养殖产业始终难以做大。为此，该行针对全产业链的实际情况，逐步摸索出一条以金融杠杆撬动、整合、促进产业融合发展的模式。第一，制订计划重点扶持一些牵动力较大的羽毛羽绒加工企业和板鸭加工户，同时，储备一批技术、管理能力较好的养殖户。第二，经过磨合之后，该行引导企业在兼顾各方利益的前提下，相互实行协同生产，即养殖企业根据羽毛羽绒加工企业订单需求确定养殖周期和养殖规模，养殖结束后禽毛定向供应给羽毛羽绒企业，禽肉定向供应给板鸭加工企业。第三，通过信贷规模、定价、增信方式等对产业链主体进行固化，如针对养殖户原来缺乏抵押物的实际情况，由羽毛羽绒企业提供订单担保进行授信；针对羽毛球、羽绒生产企业原料采购具有一定季节性，且资金需求量较大的现状，推进仓单质押贷款模式，一次授信，循环使用。该行还持续加大对羽毛羽绒企业技术改造、转型升级的资金支持力度，增强企业发展后劲。短短两年时间，该行所倡导的产业联盟从初期的 3 家企业发展到现在的 21 家，带动了羽毛羽绒企业投资 2000 万元发展养殖基地，产业链内的白鹅养殖规模发展到 200 万只，增长了近 6 倍；羽毛羽绒企业销售收入达到 6.7 亿元，增长近20%。该行对相关企业投放贷款也达到2.1亿元，增长达30%，在促进产业间融合共赢发展的同时，也更好地防控了信贷风险。

3. 扩充产业外延，构建商业生态群

无为县是全国有名的“螃蟹之乡”，“无为螃蟹”为国家农产品地理标志保护产品，年产量超过1.3万吨，大部分外销，螃蟹养殖基地集中在襄安、泉塘、刘渡等乡镇。

该行针对螃蟹养殖行业暂不具备全产业链要素的现状，采取的策略是重点依托产业优势做实内生经济要素、扩大外生经济规模，推动横向混同发展，全面提升综合发展能力。所谓“做实内生经济要素”即重点支持蟹苗、扣蟹、蟹药、成蟹养殖、购销等小微企业和个体经营户；“扩大外生经济规模”即扶持围绕产业伴生的技术服务、交通运输、餐饮住宿、休闲娱乐、各类务工人员等较大商业群落，可以说，是以村镇银行的综合金融服务为纽带构建商业群落，以融资手段引领推广先进技术、推动生态种养殖，同时兼顾上下游，充分挖掘同一类型主体的信用价值，形成互保圈，适度地规模运

作，实现银行与其他商业主体共同利益的最大化，最终推动三产融合、共同发展。目前，该行已针对襄安、泉塘、刘渡等乡镇的螃蟹养殖产业，组织行业内较有影响力的养殖及运输、餐饮等各类主体共110余户构建了群落，累计授信3000万元，2017年已投放贷款1000余万元，群落内成员基于相互的充分了解，实行互保。这个模式受到了广泛欢迎，商业群落的规模正在迅速扩张。同时，该行正在着手组织由相关主体共同出资设立担保资金池为贷款提供担保，进一步扩大授信贷款规模。

4. 与政府合作推进普惠金融服务

该行全方位参与，服务县、乡、村三级政府组织的中心工作、民生工程、重点项目、拆迁安置等，将村镇银行的金融服务融合在政府的公共产品之中连接到千家万户，推进普惠金融服务。

2016年以来，该行紧扣各级政府及监管部门的总体部署，将金融精准扶贫工作作为自身重要职责，克服建档立卡贫困户“分布散、保障低”等困难，开展扶贫小额信贷评级7521户，授信2870户，占无为县扶贫贷款总户数的90%以上，授信金额1541.4万元。全力支持无为县光伏扶贫工程，计划向3000户建档立卡贫困户每户提供2000元光伏扶贫信用贷款，根据工程进度，目前已投放2668户，金额合计533.6万元，切实保障了扶贫重点工程的顺利实施。

5. 结合公益性活动来推动金融服务

该行持续深入对贫困村、贫困户开展调研，夯实金融精准扶贫工作基础。2017年春节前，组织走访慰问了14个乡镇281户建档立卡贫困户，捐款67900元，并送去了慰问物品。2016年度支持抗洪救灾、捐资助教等各类公益事业支出108.3万元，成立以来累计公益支出超过700余万元。

该行的蒲公英学院是面向县、乡、村干部、职业农民、退伍军人、大学生进行常态化培训的草根学院，建立了以农业技术专家、外聘高校专家为主体的培训师专家库，同时，强化行内培训师队伍建设。学院针对全体学员进行金融基础知识培训，提升学员运用金融工具的能力。对普通农民、退伍军人、大学生进行创业知识培训；对种养殖户、家庭农场、合作社业主重点突出生产技术、管理能力培训；对县、乡、村干部进行项目谋划、管理等培训。2016 年，该行联合县委组织部、县农委、林业局等部门主办、承办各类农村培训 50 多场，培训了镇村干部、农民、创业者 6000 余人次。这些培训项目对于该行来说既是公益性的活动，同时又培养了未来的优质客户。

在构建“农村信用共同体”采集村民数据过程中，该行发现，一个区域外出务工人员所拥有的技能、就业方向往往较为接近，比如做建筑、机械、木工、缝纫、熟食、家政，等等。与此同时，在支持县内企业过程中，该行也了解到“用工荒”经常困扰企业发展。该行积极帮助企业开展定向招聘，通过在行政村及该行的便民服务站发布用工信息，对有需求的应聘人员通过蒲公英学院辅之技能提升培训。这种做法既有效拓宽了农村劳动力转移就业渠道，又解决了企业招工难问题。截至目前，该行已累计帮助 44 家企业定向招聘 3000 余人次。在实践中，该行尤其注重将企业、种养大户雇用贫困人口就业与其贷款规模、定价挂钩，已累计输送 500 余名贫困劳动力进厂务工或就近打零工，运用金融资源配置手段将贫困劳动力与企业紧紧结合在一起。

针对当前农村地区文化生活相对较为贫乏，赌博、宗教迷信等有所抬头的现状，该行创办了“无为徽银村镇银行‘三农’文化节”，结合地方特色产业、民俗文化，广泛开展“蟹王争霸赛”“送春联下乡”“农民书法家大赛”等各类“三农”文化服务节活动，筹备将村镇银行支农故事编排成地方小刀戏段子，搭建“徽银大戏台”持续开展送戏到村，用老百姓喜闻乐见的形式宣传村镇银行的先进事迹，既提高了村镇银行的影响力，又丰富了农民的精神文化生活。

6. 探索以“无为支付”为核心要素，全力拓展发展空间

该行充分发挥品牌、商誉、客户群影响力不断增强的优势，正积极探索推进“无为支付”，着力依靠互联网、大数据更好地弥补乡村、小城镇与现代金融发展的鸿沟，构建村镇银行的金融生态圈。无为支付通过整合现有的县乡商业资源构建商圈，在疏通供求渠道、资金收付、信用信息等的同时，将资金归集到村镇银行，实现县乡消费者、商户、村镇银行商业价值的共同最大化。

无为支付用户自助注册绑定银行卡，既能实现在商家支付，又能在移动端购买银行的金融产品。瞄准本地及外出务工农民群体，利用小城镇金融市场开发、县乡商业资源整合的时机拓展五个方面应用：打造村镇银行“便民服务站、商圈、电商平台、便民银行、共享农业”五位一体金融生态圈。

2015 年 2 月，该行首家便民服务站开业，现总数已达 40 个，覆盖 92 个行政村约 14 万农户，在满足周边农民小额取现、转账、汇款等基础金融服务的同时，开发网络便民服务信息系统，涵盖农家贷、农电商、微超市、众创新等各项功能模块，并不断扩充完善。就近接受贷款申请，配合调查、投放、管护贷款已达 3000 余万元，真正打通了金融服务渗透基层的“最后一公里”。目前正升级便民服务站，由线下服务升级为线上服务，实现端口功能多元化。对便民服务站站长实行“入门申请无门槛、依据业绩升等级、依据等级赋权限”。探索将其打造为综合服务平台，按“1 + N”模式完善功能，即基础金融服务 + 拓展经济、社会服务的发展思路，进一步开发农产品输出、农村电子商务、劳动力输出、医疗等服务，提升农村各类价值。

银行就是商圈储值卡。以存量商户客户及存款客户为基础，积极拓展新客户，以存贷款、资金结算、优惠购物等形式有针对性地引导用户扫码支付，将资金归集到村镇银行，形成村镇银行商圈，银行就是储值卡。整合电商平台，整合地方优质产品，特别是优质、生态农产品，打通输出通道，通过村镇银行进行结算。瞄准城镇居民及外出务工人员，打破时间、空间限制，定向推送村镇银行储蓄产品，吸引资金。

发展“共享农业”。现阶段农业生产工具占有、使用存在不匹配问题，如旋耕机、播种机、收割机、烘干机等农业生产机械、设备，一方面因投资巨大，农户很难投资购置齐全，给农业生产造成不利影响；另一方面，由于农户各自耕作规模有限，机械设备购置之后使用率不高，存在闲置问题。该行打造了共享平台为需求方和供给方以正向、逆向竞价的方式进行撮合，实行“设备共享、人力共享、农技共享、土地共享、物流共享”，提升农户的生产效率、经济效益。

最终，在无为地区形成以无为徽银村镇银行为中心的商户金融生态圈，商户与客户的资金结算等在村镇银行体内循环，实现社会服务资源与金融服务资源的互联互通，形成线上销售、线下本地化服务的联动模式，构建差异化、特色化的竞争优势，实现储蓄存款占比不断提升、小微贷款快速增长、开创新型中间业务收入的目标。

7. 点评与分析

无为徽银村镇银行深入调查和研究其所在县域各类主体的需求，不仅在此基础上提供金融服务来填补市场空白，而且还有意识地打造以该村镇银行为核心的商业生态群落。该行在服务客户方面可谓“抓大不放小”，以“产业链融资”的方式重点支持鹅鸭养殖、羽绒羽毛加工等特色产业；采用“以点带面”形成互保商业圈的办法扶持螃蟹养殖及相关企业。对于广大农户则使用客户经理走村串户、分片负责的方式来提供金融服务。该行具有“社区银行”的鲜明特征，其“农村信用共同体”模式即划定服务边界，摸底后建立客户数据库，实行整村授信，并且以贷引存，解决信贷资金来源。同时，授信支持失地农民创业，辅之以自建培训学院为农民工教授技能。该行在“社区”内不仅仅提供吸储、放贷、汇兑等基本的金融服务，还全方位挖掘区域内的潜力，实现共赢。比如，该行以共享农机具为起点，计划逐步实现包括农村的人力、农技、土地、物流等多种要素在内的“共享农业”。该行积极应对互联网时代新科技所带来的金融服务方式变化，努力打造“无为支付”线上便民银行，增加移动端应用客户，正在力争实现线上线下联动、资源共享的新模式，构建以该行为核心的金融、商业生态群，在未来的竞争中占有一席之地。

（三）河南省中牟郑银村镇银行

1. 中牟郑银村镇银行概况

中牟县地处中原，位于河南省中部，隶属河南省会郑州市，土地总面积917平方公里，人口47万，辖11个乡镇、3个街道办事处。中牟县是传统农业大县，近年来随着科学发展规划，按照确立“三大主导产业”——汽车产业、时尚文化创意旅游产业、都市生态农业；打造三个产业园区——汽车工业园、郑州国际文化创意产业园、都市型现代农业示范区；树立三个“一千”目标——汽车产业产值达到千亿元、旅游人数达到千万人次、农产品交易额达到千亿元的目标，构建了现代产业体系。2016 年中牟县地区生产总值达到 289 亿元，居河南省各县（市）第 2 位。

中牟郑银村镇银行由郑州银行发起，成立于 2009 年 12 月 29 日，目前注册资本金 56135 万元。股权结构：股东 172 名，其中法人股东 3 名，共持股 16524 万股，持股占比 29.44%，其中发起行郑州银行持股 10400 万股，持股占比 18.53%；自然人股东 169 名，持股 39611 万股，占比 70.56%，其中职工股东 126 名，持股 6405 万股，占比 11.41%。

董事会成员 5 人，监事会 3 人，党总支委 7 人，高级管理层 5 人。有营业部、营销中心、“三农”业务部、小微部等 22 个内设管理部门，员工人数达 382 人。下设 23 个乡镇营业网点，实现了县域乡镇营业网点全覆盖。另外还设立了 59 家支农服务点，以解决部分社区、行政村金融服务空白的问题。

2. 在中牟县金融机构中占比情况

截至 2016 年年末，全县共有金融机构 11 家，存款总额 517 亿元，中牟郑银村镇银行存款 130 亿元，占比

25%（见图7－1）；贷款总额277亿元，中牟郑银村镇银行贷款79亿元，占比29%（见图7－2）。

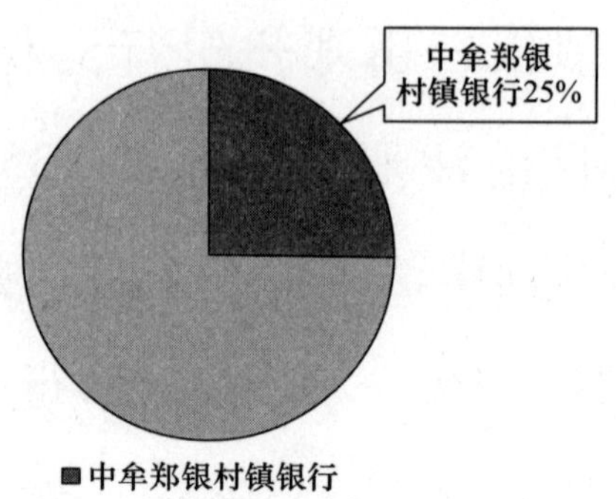

图7－1　中牟郑银村镇银行存款在中牟县金融机构中的占比

资料来源：中牟郑银村镇银行。

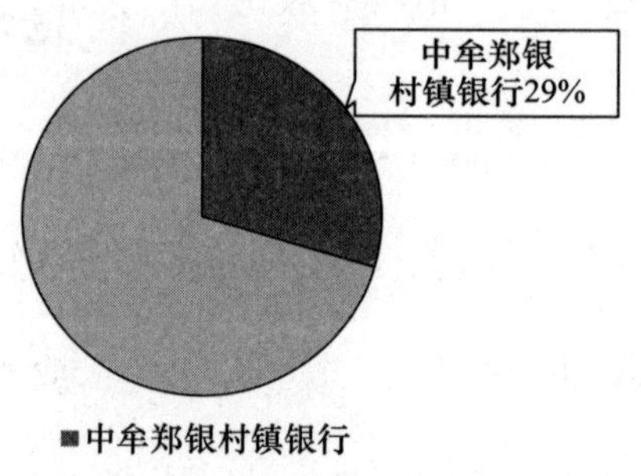

图7－2　中牟郑银村镇银行贷款在中牟县金融机构中的占比

资料来源：中牟郑银村镇银行。

3. 经营情况

由图7－3、图7－4可知，截至2016年年底，全行资产规模达142亿元、各项贷款余额78.92亿元；各项存款余额129.96亿元，其中对公存款56亿元，占比43.08%；储蓄存款68亿元，占比52.31%（储蓄存款中定期存款52亿元，占76%）。2016年全年实现各项收入84394万元，其中，贷款业务收入69259.65万元。税前利润35678万元（见图7-5），税后利润28912万元，七年来累计纳税4.8亿元（见表7-3）。

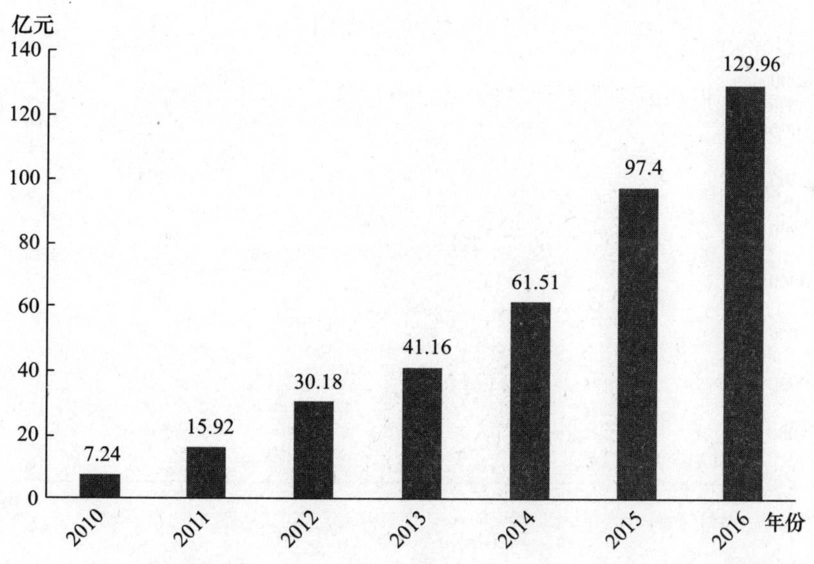

图7-3 2010—2016年中牟郑银村镇银行存款余额

资料来源：中牟郑银村镇银行。

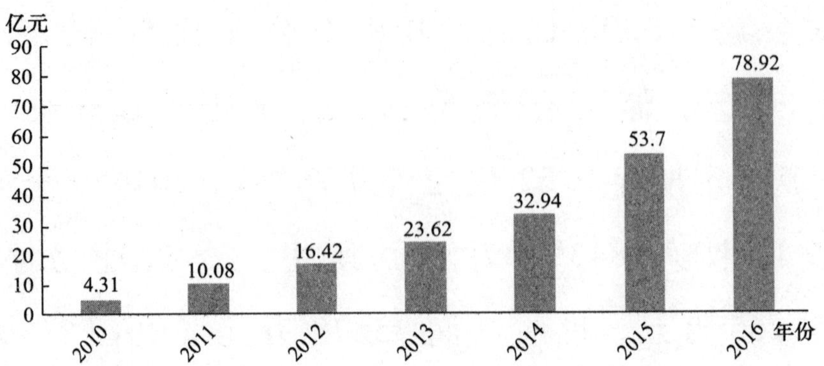

图 7－4　2010—2016 年中牟郑银村镇银行贷款余额

资料来源：中牟郑银村镇银行。

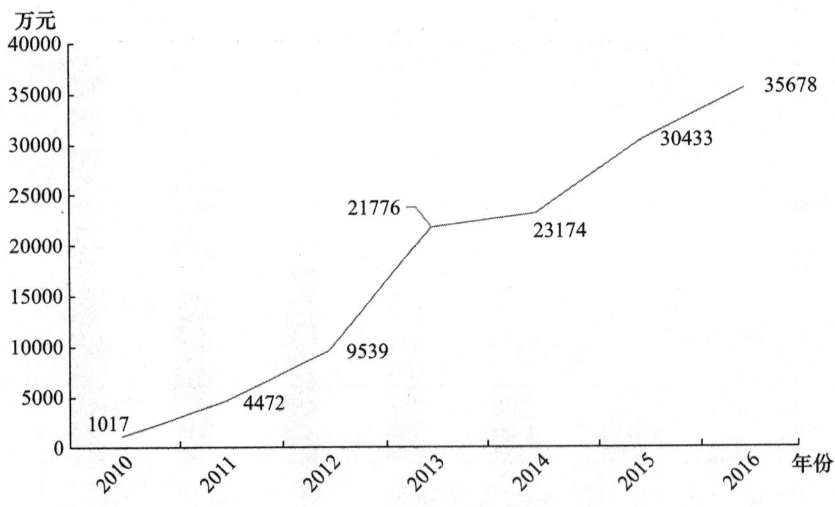

图 7－5　2010—2016 年中牟郑银村镇银行利润总额

资料来源：中牟郑银村镇银行。

表 7－3　2010—2016 年中牟郑银村镇银行纳税情况　单位：万元

税种＼年份	2010	2011	2012	2013	2014	2015	2016	合计
地税税款	120	372	692	896	3774	2207	6706	14767
国税税款	290	1138	2694	5135	6124	7835	10324	33540
总计	410	1510	3386	6031	9898	10042	17030	48307

资料来源：中牟郑银村镇银行。

在网点建设方面，截至 2016 年年末，该行机构网点和服务设施布设力度明显加快，2016 年新设网点 4 家，网点数量达到 23 个（见图 7－6），新增自助服务设备 12 台，总数达到 51 台，金融网点布局实现乡镇全覆盖，成为全省首家实现县域乡镇营业网点全覆盖的村镇银行。

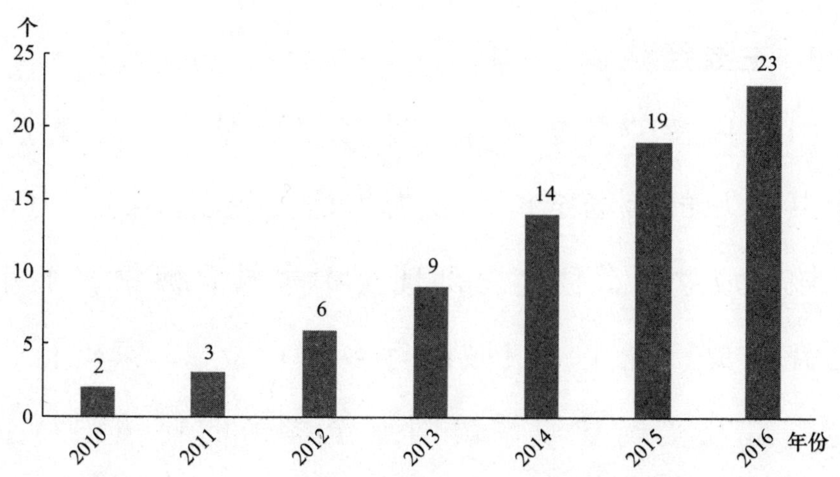

图 7－6　2010—2016 年中牟郑银村镇银行网点数量

资料来源：中牟郑银村镇银行。

截至2016年年末，发卡（折）量70871张，卡内存款余额57006.16万元；网上银行累计交易户数11219户，交易金额44151万元。

在监管指标方面，截至2016年年末，该行资本充足率为12.08%，其中核心资本充足率为11.06%；流动性比率为70.41%；资产利润率为2.24%；资本利润率为33.4%；贷款损失准备充足率为100%；存贷款比率为61%；成本收入比为24.81%；不良贷款为1.94%；贷款拨备率为3.1%；单一客户贷款集中度为0.92%；案件发生率为零。主要监管指标均符合监管要求。

4. 主要经验

（1）坚持“扎根乡镇、服务‘三农’、支持小微、同生共赢”的市场定位，成为当地支农支小的主力军

该行成立不久便将总部迁至中牟县官渡镇，七年来先后在刘集、九龙、狼城岗等乡镇设立22家支行，成为全省首家实现县域乡镇网点全覆盖的村镇银行。同时，在50个行政村设立了支农服务点，填补社区、行政村金融服务空白，使广大农民不出村庄就能享受村镇

银行优质服务，计划在未来两年内将支农服务点覆盖到全县所有行政村。该行已建立205个信用村，结合当地农村资金需求的特点，陆续推出了“祥农贷”“商隆贷”“猪宝贷”“香椿香”等一系列品牌化金融产品。

田庄村曾是中牟县官渡镇的一个贫穷村，由于村里以往在银行的信誉不好，多家银行拒绝给予该村贷款资金支持，该行了解到村民的难处后，放眼大局，加大征信宣传与思想教育力度，培育良好的诚信文化，提高村民的征信意识，真诚对待村民困难，大胆支持，一次性就投放贷款200万元。在该行的强力支持下，目前田庄村已经发展大棚香椿2000余亩，香椿品牌已经开始走向全国，村民面貌焕然一新，人均收入快速增长。

在控制信贷风险的措施方面，该行针对评选出来的信用村实行“整村授信”；在中国人民银行征信系统进行客户信用状况查询，2016年累计查询户数15920户；探索其他担保方式，如：商会、行业协会推荐，会员联保；仓单质押；商户联保+市场管理方担保；引入担保公司，以集体土地、无证照或证照不全的房产作反担保物等，使不具备融资硬件的企业也可以融资。

坚持服务下沉。该行采用客户经理分片包村负责制，要求客户经理写走村串户的工作日记。该行已经向中牟县16个乡镇、3个办事处、422个行政村发放“解忧卡”168000张，将各行政村所在区域支行行长、“三农”业务部客户经理的联系方式印制在“解忧卡”上，有重点、有计划、有针对性地开展联系帮扶，切实为困难的农民排忧解难。朱全政是中牟县刘集镇的一个农民，有养猪技术。因一场大病花光了家里所有积蓄，病好后决心办个养猪场，他为贷款跑遍中牟所有银行，可是家徒四壁，没有银行敢贷。正在他无奈之际，中牟郑银村镇银行一次性发放贷款10万元，支持了他的养殖生产活动。如今已形成了200头猪的养殖规模，同时也带动了其他4家养殖专业户。

经过七年的不懈努力，该行的小微企业、农户贷款余额、客户数量增长很快，已累计向2.2万农户、2.1万户小微企业分别发放贷款114亿元、210亿元。

（2）公司治理机制与团队建设

作为独立法人机构，该行始终坚持“小、灵、精”的特点，内设机构精简高效，经营方式灵活多样。全行员工总数368人，其中客户经理105人，聘用了大量本县大学生和贫困农民子弟，中牟籍员工占全体员工总数的70%以上，人才的本土化推动了各项业务平稳发展。在用人上，唯才是举，能上能下；该行制定了一系列规章制度和管理办法，在考核激励上，将个人收入与工作绩效紧密联系，极大地提高了员工的工作积极性，基本做到了事业留人、待遇留人、感情留人、未来希望留人。员工了解农村、关爱农民，股东开明、班子团结，形成了该行强大的核心竞争力。

（3）好的企业文化是发展之魂

该行一直秉承扎根村镇、服务“三农”的理念，在发展中“农”字当头，注重从“农”字上做文章，在“农”字上要效益。正是这一理念，让全行员工更具社会责任意识，从而真正放下架子、俯下身子，走进农村、融入农民，与农村、农民、小微企业血脉相连、生命相息，同生共赢。该行上至行领导、下至一般员工，不论是来自城市还是农村，都带着感情、责任为农村服务，行领导和干部在不同的村兼任村干部，做起了真正的农民。班子成员经常吃住在农村和乡镇支行，与农民同吃、同住、同乐、同劳动。营销人员全部活跃在乡镇村庄、田间地头、大街小巷，与农民打成一片。该行在当地农村开辟了广阔的发展空间。

员工和团队在工作中实现了人生观和价值观，企业支持农民梦想，向广大就业职工提供了深入农村、服务农民的平台和渠道，使员工事业有成，让政府、全县人民认可村镇银行的价值。

（4）情系“三农”的公益性活动

在建设企业文化的同时，该行还积极改善农村精神文化生活匮乏的现状。2014 年 8 月成立艺术团，联合中牟县慈善总会开展送戏下乡活动，截至目前共到中牟县乡村演出 400 余场次。

该行主动发起成立了覆盖中牟县所有村庄的中牟县“三农”协会，创办了内部刊物《金融与三农》，发展会员几百人，基本覆盖了中牟县的主要村庄。一方面，通过“三农”协会，及时向农民传递国家经济政策，明确告知农户贷款条件、资料清单、期限额度、利率政策、服务流程和服务承诺，并聘请农业技术人员讲课，提高农民的种养殖技术。另一方面，通过会员将本镇、本村的信息和需求及时反馈到该行，以利于及时解决农民贷款难问题。通过这种方式，全县农民与中牟郑银村镇银行紧紧地联系在一起，贷款难、贷款慢、贷款贵等长期困扰农民致富的问题得到了有效的缓解。

该行还每年选择50名优秀的农家子女，解决高中阶段三年的学杂费；资助优秀困难大学生，帮助其完成学业，优先接收成绩优异、愿意到本行工作的农家学生。多年来，该行已累计向中牟县残联、红十字会、学校、慈善总会等单位捐款达200多万元，累计资助贫困、公益、教育等事业100余万元。

该行组织送医下乡，免费为村民进行心电图、血常规等方面的检查；聘请理发师，定期到各支行、各乡镇为村民理发；逢节日该行到各个乡镇敬老院慰问孤寡老人，用慈心善举和谐一方百姓。

七年多来，中牟郑银村镇银行不忘初心，始终坚持“服务三农、百姓银行”的办行宗旨，把农村作为主战场，把农民作为主要服务对象，不仅高效支持了当地农村经济，而且取得自身业务规模和经营管理水平的快速提高，实现了农村发展与银行发展的良性互动，做到让政府满意、监管部门满意、中牟人民满意、股东满意、员工满意，成为行业标杆，也成为中牟当地的一张金融名片。

该行目前存在的困难是一直通过其他商业银行间接接入中国人民银行大小额支付系统，至今未实现直接接入的模式，由此引发一系列工作上的不便；日常的现金缴存与提取仍一直通过发起行进行，严重影响服务效率与工作质量。

5. 点评与分析

中牟郑银村镇银行发展速度较快，资产规模排在全国村镇银行的前列，原因可归结为该行所处的地域优势，县域经济发达，城乡居民收入不断提高，为村镇银行的发展提供了良好的外部条件。该行自设立之日起就明确扎根县域的市场定位，多年努力，不忘初心。我们得到最近两年的数据：农户和小微企业贷款总户数由2015 年的 3115 户增加到 2016 年的 15011 户；贷款余额由 2015 年的 535950. 19 万元增加到 2016 年的787686. 47 万元；农户和小微企业贷款余额占各项贷款余额的比重由 2015 年的 98. 38% 上升到 2016 年的99. 81%。由此可见，该行在县域已经一定程度上克服了农村贷款难，它所利用的信贷风险控制手段与社区银行相同，比如，通过“三农”协会等获取“软信息”；在信用村评选出来后“整村授信”，等等。

该行在所处的县域内做了许多公益性质的活动，尽到了一个金融企业的社会责任；还对农民进行诚信教育，着力培育农村的信用环境；通过自办刊物向客户告知贷款利率政策等，这些行为说明村镇银行已经开始意识到自身生存和发展需要土壤，即信用环境、客户教育和保护、透明、规范等，作为衡量社区微型银行社会绩效的指标，虽然目前还不明确，但是，村镇银行要想长远发展，监管部门不能仅设立财务性指标，还需要衡量其社会绩效，并有针对性地予以奖励或扶持。

（四）新疆石河子国民村镇银行

石河子市位于新疆维吾尔自治区北部，面积457平方公里，人口70万（2014年），以“戈壁明珠、军垦名城”的美誉著称于世。区域内生物资源丰富，棉花、甜菜、瓜果质优产量高；草场面积大，牧业发展条件良好，畜牧业以牛、羊、猪为主，培育有中国著名的美利奴新疆军垦型细毛羊品种。2016年，石河子市实现生产总值335亿元，同比增长9%。石河子国民村镇银行成立于2011年1月25日，由宁波鄞州农村商业银行发起，宁波鄞州农村商业银行、石河子市政府、企业和个人共同投资成立，注册资金 19000 万元。主发起行股份占比 36.68%，法人股占比 41.12%，自然人股占比 22.2%。截至 2016 年 12 月 31 日，全行员工一共 238 人，其中信贷员 94 名。内设 7 个部门，17 个网点，资产规模 68.95 亿元。

石河子辖区内现有 11 家银行业金融机构，截至 2016 年 12 月 31 日，辖区存款总额 603 亿元，贷款总额 366 亿元。

石河子国民村镇银行在石河子辖区内的 11 家银行业金融机构中存款规模排名第五，贷款规模排名第六，位列中游水平（见表 7－4）。但是该行的存贷款的增长速度可观，呈现出良好的增长态势，且存贷款结构和质量良好，具有较强的增长力和上升空间，截至 2017 年 5 月末，该行的存款规模已经超过农合行位居辖区第四，贷款规模位居第五。

表 7－4　石河子辖区内银行业金融机构存款、贷款情况

银行	存款（亿元）	市场占比（%）	贷款（亿元）	市场占比（%）
中国农业银行	155	25.76	74	20.17

续表

银行	存款（亿元）	市场占比（%）	贷款（亿元）	市场占比（%）
中国银行	93	15.47	42	11.58
中国建设银行	90	15.01	45	12.42
农村合作银行	64	10.66	55	14.94
国民村镇银行	63	10.37	33	8.95
中国邮政储蓄银行	42	6.9	16	4.31
工商银行	38	6.27	34	9.26

资料来源：石河子国民村镇银行。

1. 公司治理

石河子国民村镇银行是按照《公司法》《商业银行法》和《村镇银行暂行管理规定》等相关法律法规组建的有限责任公司，其内部组织架构由决策、执行和监督三个层次组成。其中决策层由股东会、董事会和董事会下设的相关委员会组成，执行层由行长以及经营班子成员组成，监督层由监事会、稽核内审部组成（见图7-7）。

2. 市场战略和定位、经营理念

该行一直秉承村镇银行“立足县域、面向‘三农’”的设立初衷，自银行成立伊始，就在经营定位上

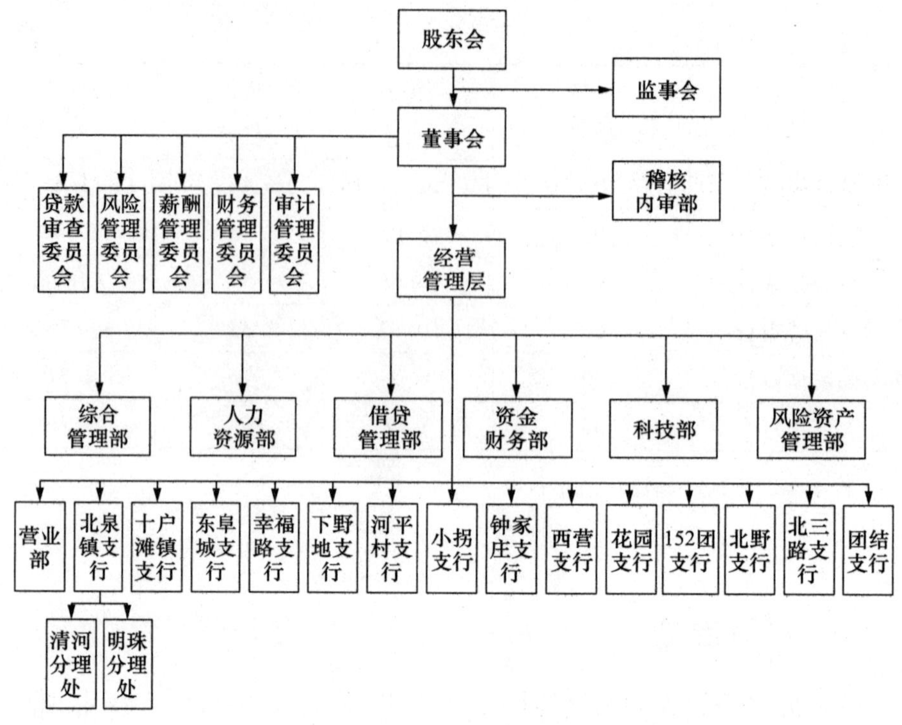

图7-7 石河子国民村镇银行公司组织架构

资料来源：石河子国民村镇银行。

突出“农”和“小”，坚持“小额、分散、流动”的信贷经营原则，将新增存款全部用于发放当地贷款，最大限度地扶持“三农”和小微企业，支持八师实体经济。团场农户、小微企业、养殖户资金周转困难，大银行不愿承担风险不愿意提供贷款时，该行伸出援助之手，帮扶兵团农户和小微企业共同发展。该行的经营理念是“阳光经营、创新服务、快乐成长”，倡导“勤劳敬业、团结协作、严谨有序”的蜜蜂精神，立足八师，面向全垦区，深入探索小微企业和“三农”金融需求，不断创新产品，优化审批流程，加快信贷审批速度，承诺三天内受理，做到当天审批，当天到账，有效解决农户和小微企业贷款难、贷款贵、手续复杂等问题。经过六年多的发展，石河子国民村镇银行已成为石河子市金融“支农支小”的主力军，得到社会各界广泛认可和好评，实现了机构可持续发展以及服务农村金融市场的目标。

3. 业务运营整体情况及历年发展变化

截至2016年年末，石河子国民村镇银行存款余额为62.53亿元，2015年同期为40.70亿元，同比增长21.83亿元，增幅53.64%（见图7-8）。其中储蓄存款为38.46亿元，储蓄占比61.51%，2015年同期为24.26亿元，增长了14.2亿元，增长幅度为58.53%；对公存款为24.07亿元，对公占比38.49%，2015年同期为16.44亿元，增长了7.63亿元，增长幅度为46.41%。存款日均余额为49亿元，2015年同期为29.89亿元，增长幅度为63.93%。

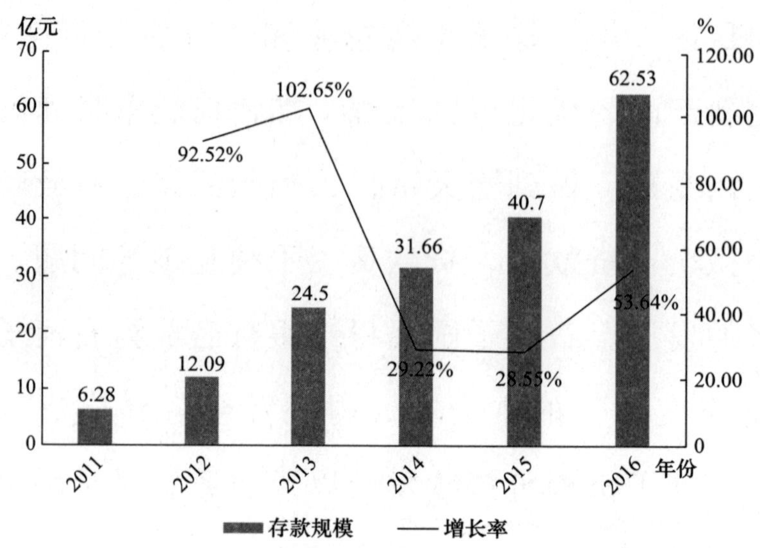

图 7－8　石河子国民村镇银行存款规模及增长率

资料来源：石河子国民村镇银行。

截至2016年年末，该行各项贷款余额为32.72亿元，2015年同期为26.10亿元，同比增长6.62亿元，增幅25.36%（见图7－9）。其中个人贷款6595户，余额18.31亿元；企业贷款149户，余额14.41亿元。全年累计发放贷款38.73亿元，共计9507户。户均贷款余额48.52万元。不良贷款总额3696万元，共计175户，不良贷款率为1.13%。

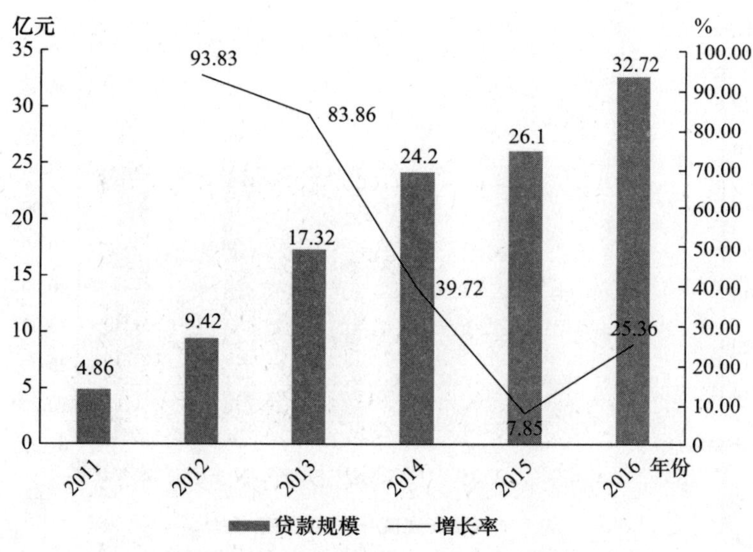

图7－9　石河子国民村镇银行贷款规模及增长率

资料来源：石河子国民村镇银行。

截至2016年年末，该行资产总额68.95亿元（见图7－10）。实现总收入34155万元，其中利息收入23913万元，金融机构往来收入6472万元，营业外收入3573万元。总支出26475万元，其中利息支出10298万元，金融机构往来支出407万元，业务管理费支出9398万元。全行实现账面利润7680万元，净经营利润3833万元，净利润6981万元。全年计提各项拨备1.51亿元，全年缴纳税金2176万元，六年累计缴纳税金9286万元。

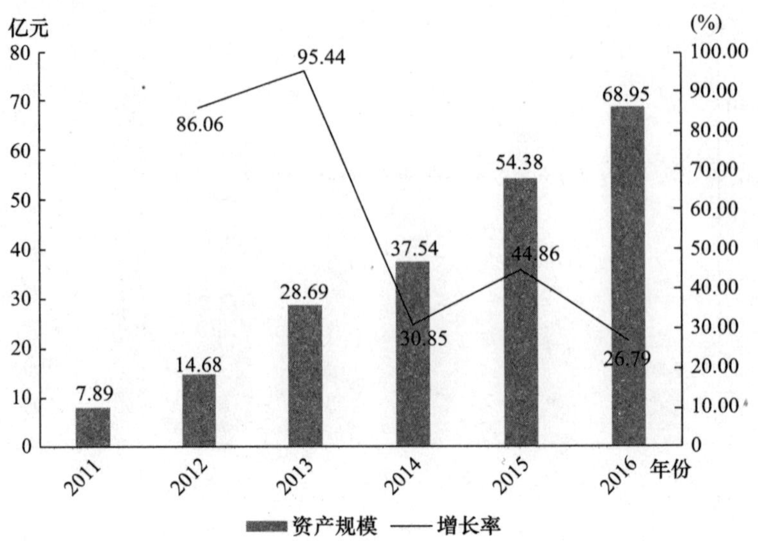

图 7－10　石河子国民村镇银行资产规模及增长率

资料来源：石河子国民村镇银行。

截至 2016 年年末，该行的发卡（折）量为 89190 张，卡内存款余额为 53645.12 万元；网上银行累计交易户数为 5243 户，交易金额 205186.23 万元；手机银行累计交易户数为 9447 户，交易金额 31533.2 万元。

4. 农户及小微企业贷款情况

在农户贷款方面，截至 2016 年年末，该行各项贷款 6744 笔，余额 327239 万元，其中，农户贷款 5721 笔，余额 172938 万元，占比 52.85%。农户贷款以一年期短期贷款为主，主要采用互保、自然人保证等担保方式，用途为农户生产经营性贷款，包括购农资、交利费等。按月/按年+利随本清的还款方式更加灵活，同时，利率采用相对更为优惠的利率。

小微企业贷款116笔，余额79897万元，占比24.42%。小微企业贷款期限最长不超过3年，以一年期以内贷款为主，担保方式多样，包括抵押、信用、保证等，主要为农林牧渔行业、建筑业、批发及零售业等，用途亦多样，比如购买生产资料、材料款，等等。考虑到企业的经营运转情况，还款方式主要采取按月+利随本清的还款方式，利率采用相对更为优惠的利率。

以上两类贷款余额占比相加达到77.27%，说明该行的主要服务对象是小微企业和农户，市场定位准，与其他金融机构差异化经营。该行部分贷款产品及风险特征如表7-5所示。

表7-5　石河子国民村镇银行部分贷款产品及风控特征

名称	贷款发放对象	风险控制措施
兴会贷	与该行合作的商（协）会会员	商（协）会推荐，客户在银行的信用评级为信用户
兴商贷	个体工商户、个人独资企业	根据客户的经营情况及与该行业务往来的信用状况评定信用户

续表

名称	贷款发放对象	风险控制措施
兴科贷	中小微科技型企业	由师市科技局、财政局推荐
兴盛贷	个体工商业经营户及小微企业	在绿珠九鼎市场内经营，由新疆绿珠九鼎农产品经营管理有限公司出具推荐函
兴创贷	自然人、个体工商户、公司、小微企业	符合贷款基本条件且相互之间无投资关系的三个客户，在自愿的基础上组成“兴创贷”小组，小组成员之间对贷款承担连带保证责任
兴众贷	信用组组员	客户自由组合、至少10户组成信用群体，组员加入需通过该行考察确定，组长需通过组员及客户经理推选，该行审查后任命，组长确定后将与该行签订承诺书，授信期限未到期，组长不得更换，该行客户经理兼任信用组秘书长。组长向该行推荐组员为发放贷款的前提条件
工薪贷	当地直属机关、企事业单位（含学校）正式在职工作人员（该行员工除外）	持续、稳定的工资收入
幸福贷	在该行办理存期为一年以上的储户	与该行签订协议，以未到期的定期存单做质押

资料来源：石河子国民村镇银行。

为更好地支持当地经济的发展，该行攻坚克难努力在金融服务匮乏的农牧团场设立网点，提高金融服务的覆盖面，不断缩小金融服务的“城乡差距”。截至目前，该行已开设17家营业网点，12家在团场，最远的支行距离市区200多公里，客户遍及石河子市乡镇及

14 个农牧团场，有效解决了职工贷款难、贷款贵问题，也有效解决了当地金融供给不足、竞争不充分的问题，改善了团场的金融环境。

5. 人力资源

就业是民生之本，为解决当地大学生就业问题，该行招聘选拔人才时优先考虑团场毕业生，为八师石河子市增加就业岗位 238 个（含保安、保洁等人员一共为 288 人）。同时，加大员工培训力度，每年投入 200 万元用于员工培训经费，除了每月固定的国学、法律、业务技能培训外，还委派优秀员工赴清华大学、北京大学、浙江大学等全国知名大学学习。同时，大力推动“引资、引智”支持当地经济发展；通过从发起行引进优秀人才担任重要岗位，挑选业务骨干到发起行挂职培训等多种形式吸收先进管理经验，优化金融环境，改善区域金融服务，促进当地竞争，带动金融业务的发展。

6. 社会责任

该行秉承“源于社会、回馈社会、服务社会”的理念，积极投身公益事业。开业六年来，该行缴纳各项税务收入 9286 万元；连续六年每月前往养老院为老人义务服务并捐赠桌椅；为医院医护人员建立恶性肿瘤患者关爱基金；向十四师一牧场小学捐赠 10 万元支持牧区教育事业；高考时为考生与家长设置“高考爱心服务站”；为考生免费提供“爱心车队”送考服务；在寒冷的冬日为环卫工人设立“温暖爱心站”，为地震灾区举办捐款仪式募集善款；该行 2016 年成功发放首批社保卡，在全国范围内成为第一家承办政府社保卡业务的农村金融机构；该行艺术团连续三年为八师各个团场带去“送戏下乡”大型文艺汇演，累计受众 28000 余人，为团场人民奉上精神大餐，更在弘扬社会主义核心价值观等方面起到了积极的促进作用；积极投身到国家大力倡导的精准扶贫事业，该行被新疆生产建设兵团工商业联合会和新疆生产建设兵团光彩事业促进会联合授予了“2016 年度兵团‘百企帮百连’精准扶贫行动先进单位”，是八师唯一获此荣誉的单位，真正做到了切实履行社会责任。

7. 发展中遇到的“瓶颈”和问题

（1）经济下行期的资产质量下滑

市场环境持续低迷，使得该行原先存量的优质客户逐渐变成了不良客户，客户经理对增量客户的拓展又抱有迟疑、犹豫、畏惧的态度，信贷业务的增长面临巨大压力，这样一增一降，使得信贷资产质量出现了一定程度的下滑。

（2）该行的队伍建设跟不上发展的速度

石河子国民村镇银行在过去六年的发展过程中，业绩不断突破，规模不断增长，发展速度迎来了一个高速期。与此不相匹配的是，队伍建设的速度未能跟上发展的节奏，主要表现在员工的专业素质能力、风险管控能力和经营管理能力方面。

（3）该行的合规文化还未根深蒂固地植入人心

规模越大，发展越快，越依赖良好的公司治理结构、完备的管理制度和严谨的合规文化。

8. 点评与分析

石河子国民村镇银行公司治理结构比较完善，“三会一层”组织架构条线清晰，股东会、董事会及其下设的贷款审查、风险管理、薪酬管理、财务管理、审计管理五个委员会构成决策层；监事会和稽核内审部独立于董事会和执行层，有利于监督。该行经营状况良好，资产规模、存款额、贷款规模保持了连年增长的态势。该行坚持“支农支小”，信贷产品设计较有特色，服务对象涵盖了自然人、个体工商户、农户、小微企业、中小科技型企业等，担保方式多元化，既有个人工资收入、存单质押，也有小组成员之间互相担保、承担连带责任。为了控制信贷风险，该行还注重与商会合作、在特定的市场内展业等。从贷款的平均额度来看，该行的户均贷款额为48万元，农户平均贷款额为30多万元，小微企业的平均贷款额度达到600多万元，可见在服务深度方面下沉的空间还很大，在控制信贷风险的前提下，通过培养信贷员团队、掌握微贷技术，力争为更多微型企业提供金融服务，促进当地经济发展。

（五）中银富登村镇银行

1. 发展情况概述

中银富登村镇银行以“担当社会责任，做最好的村镇银行”为目标，借助中国银行的品牌和资源优势以及新加坡富登金控的微型金融经验，积极推进在全国县域地区的战略布局。自2011年3月第一家村镇银行在国家级贫困县——湖北蕲春开业以来，按照批量化、规模化、集约化方式发起设立村镇银行，逐步探索出一条具有中国特色的大型银行发展普惠金融之路。

在机构布局上，建立了相对完善的农村金融服务网络。截至2016年年底，中银富登村镇银行已在全国12个省市批量化发起设立了82家法人机构、180多家分支机构，主要分布在中西部金融服务空白或薄弱的县域，中西部县占比78%，国定贫困县占比33%。同时大力推动机构下沉，持续加大乡镇支行及村级助农服务网点的设立力度，建立了相对完善的农村金融服务网络，目前已成为全国最大的村镇银行集团。

坚持“扎根县域、支农支小”的战略定位。截至2016年年末，中银富登村镇银行总资产规模超过270亿元，服务客户104.8万户，存款余额202.2亿元，贷款余额185.1亿元，小微和涉农贷款占比达92.3%，充分体现了中银富登坚持支农支小、勇于担当社会责任的宗旨。

在商业模式上，实现了机构稳健可持续发展。中银富登村镇银行在商业模式、风险内控、信息科技等方面不断创新，在践行普惠金融和担当社会责任的同时，实现了商业可持续发展。各项业务持续稳健发展，总资产规模和利润水平持续增长；同时审慎从严管理信贷资产质量，尽管面临严峻的经济下行压力，2016 年年末全行信贷资产质量保持了较高水平，整体不良率仅 1.70%，拨备覆盖率达到 208.5%，资产质量保持稳定可控，具备较强的抗周期和抗风险能力。

2. 坚守支农支小战略定位

（1）小额分散的资本金机制

中银富登村镇银行始终坚持“扎根社区、支农支小”的目标市场与客户定位，并通过一系列机制安排，确保支农支小战略落到实处。中银富登村镇银行单家行平均资本金规模为 4000 万元左右，最小的村镇银行资本金仅 2500 万元，确保了村镇银行切实按照“小额、分散”的原则，将贷款主要用于满足小微及“三农”客户的融资需求，不断提升市场竞争力和客户满意度。截至 2016 年年末，中银富登共服务客户 105 万户，其中贷款客户数 9.67 万户，户均贷款仅为 24 万元；历年累计发放贷款429亿元，贷款客户数达10.76万户。总体贷款投放以小微及“三农”客户为主，涉农及小微贷款占全部贷款的91.7%，其中涉农贷款余额占全部贷款的45.8%，“三农”贷款户均贷款金额约10万元，很好地支持了农村客户群体。

专栏7－4

界首行用实际行动
“支农支小、服务三农”

界首中银富登村镇银行成立于2013年6月，注册资本金3000万元，发展时间相对较短。但是该行自开业以来，积极拓展农村市场和社区金融服务，大力支持“三农”和小微企业发展，各项业务取得了较好的发展。2016年年末，界首行贷款余额达到了40895万元，贷款集中度为5.67%，净息差为5.83%。其中，“三农”客户贷款余额6034万元，贷款客户419户，户均贷款14.4万元，贷款不良率为0；小微企业贷款余额34861万元，贷款客户 2080 户，户均贷款 16.76 万元，贷款不良率为0.28%。在支持小微企业发展方面，界首行与市人社局、财政局等政府职能部门合作，针对下岗职工创业、大学生创业、返乡农民工创业等提供创业资金，每个客户发放创业贷款 5 万—10 万元，累计共发放创业贷款 872 户，发放贷款 7090 万元，贷款余额为 5635 万元。在扶贫信贷方面，界首行与当地扶贫办、人行进行对接，利用人行扶贫再贷款，对当地建档立卡扶贫户发放 5 万元的普惠制贷款。截至 2016 年年底，界首行针对扶贫贷款共计放款 820 万元，支持贫困户 187 户，惠及贫困人员 573 人。

（2）丰富的产品研发、创新机制

中银富登根据小微及“三农”客户需求为其量身定制产品，结合地方经济特色开发了 10 大类以及 50 多类涉农贷款产品，覆盖家禽养殖、家畜养殖、水产养殖、水稻种植、棚菜种植等涉农行业。同时不断强化渠道建设并延展金融生态圈半径，制定适合小微企业和农户的金融服务和信贷流程。

公司金融条线针对不同客户群体的经营模式与融资需求，创新了准抵押、OA 敞口等产品政策，集约化开发了完全抵押类贷款（无忧贷）、准抵押类贷款、保证类贷款、信用类贷款、政府合作类贷款、存单质押贷款等贷款产品，还依托小微企业纳税、贷款、银行流水等相关场景，创新开发出了税金贷、添翼贷、流水贷三款产品，更好地服务于小微企业。

“三农”金融条线开发了经营型贷款、消费型贷款和其他类贷款三大类产品。经营型贷款用于满足农户、农业企业和其他农业经济组织融资需求，按照资金使用目的的不同又分为流动性融资需求类和固定资产融资需求类，目前涉及 8 大类、60 多种产品。消费型贷款用于满足农户居住和消费需求，涉及乐家贷、宜居贷和欣农贷（普惠）等产品。

零售金融条线主要经营三大类产品。经营类贷款产品方面，确立了“多、乐、快、悠、信”五大拳头产品；消费类贷款产品方面，推出了“兴家、装修、购车、购物”等产品，深入居民“衣、食、住、行”各个领域；社会责任类贷款产品是针对下岗再就业、乡村基础设施建设、棚户区改造的居民帮扶需求，相继推出了惠政贷、民政贷等政府扶持类贷款产品。

专栏7－5

松滋行不断创新“支农支小”产品和服务方式

松滋中银富登村镇银行坚守支农支小市场定位，牢牢把握服务“三农”的主方向，细分市场，找准定位，不断创新产品和服务方式，深化农村金融服务。截至2016年年底，累计发放“三农”贷款17560万元，为2700个“三农”客户提供服务并帮助他们实现了创业梦想。具体措施方面：一是根据种养殖周期确定贷款期限和还款方式，推行一年来，该类贷款新增近亿元；二是针对小微企业客户融资能力较弱实际情况推出续贷宝，贷款到期前通过年审、无须还本、直接续贷，帮助客户降低融资成本；三是针对县域客户抵押物不足的实际，推出了集体土地上房产可抵押、单证房产可抵押、直系亲属担保等政策，仅集体土地房产抵押发放贷款近1.5亿元；四是根据当地农户及小微客户的情况灵活制定并改良了几款信贷产品，例如，欣农贷（育肥猪）产品，将总部针对养殖育肥猪客户制定的最低养殖头数500头的准入标准，根据当地实际情况申请改良为最低养殖头数为150头，截至目前该行共投放欣农贷（育肥猪）87笔，贷款金额1371万元。

（3）专门的机构考核评价机制

鉴于村镇银行所承担的特殊使命，中银富登逐步建立了符合自身业务特点的专项绩效考核制度，不断完善差异化的考核指标体系，构建市场化的绩效薪酬管理和激励约束机制。目前中银富登根据监管机构的规定及主发起行中国银行的要求，制订了对各村镇银行的绩效考核方案，内容包括经营效益类、业务发展类、社会责任类、风险管理和内控类、员工队伍建设类共35个考核指标。在考核上，突出了以效益为导向，以风险管理和内控为重点，以普惠金融为抓手的特色，着重体现了支农支小、服务“三农”的宗旨。

3. 科技引领战略促进村镇银行发展

（1）科技引领战略的必要性

农村和小微金融一直是金融业务中的难点，“三农”和小微企业客户不仅抗风险能力弱，而且单笔业务金额普遍较小，导致风险抵补水平不足、业务成本居高不下，很多较好的金融产品和服务，都由于成本过高而未能落地。但是信息科技的进步为农村金融和小微金融的发展提供了现实可能性。通信技术与移动互联网的进步，使得村镇银行能够突破传统物理网点和渠道的限制，以低成本的电子渠道去覆盖更广泛的乡村，解决了农村金融服务“最后一公里”的问题；区块链技术的应用提供了新的信用认证机制，摆脱了客户信用评价对财务报表和征信报告的过度依赖，从而拓宽银行的服务范围和服务方式；大数据和云计算技术的应用，极大地降低了信息收集和处理的成本，提高了服务长尾客户的可能性，通过将大数据挖掘的结果应用于客户管理、精准营销、风险管理和管理服务等领域，打造以数据为驱动的商业模式。由此可见，科技引领战略为定位于支农支小的村镇银行指明了发展方向，注入了发展动力，为解决其发展道路上的诸多困难提供了可行的方案，促进了其健康可持续发展。

（2）中银富登科技引领战略的实施

①专门的信息科技支持保障体系。中银富登独立于现有中国银行信息系统，建立了以CRM（客户关系管理）、CBS（核心银行系统）、CMS（信贷管理系统）为核心的近50套应用系统，初步形成了大数据驱动的业务发展模式，并将进一步完善信息系统运行机制。

第一，合理的信息科技治理结构。中银富登通过总部和村镇银行两级建立独立完善的信息科技治理体系。建立了信息科技管理委员会、信息科技技术委员会、内控管理委员会、变更控制委员会等，打造了一支高素质的信息科技队伍，制定了完善的信息科技流程，建立了完备的信息科技三道防线，保障信息科技快速发展，有效控制信息科技风险。

第二，完善的基础设施服务能力。按照“大同城、小异地”的原则完成两地三中心的建设规划，并初步建立了符合ITIL要求的运维管理体系，各法人行本地设立通信机房，通过不同运营商双线路接入数据中心及灾备中心，满足监管对业务连续性和科技风险管理的要求。其中，主生产中心承担信息系统运营、生产与准生产环境运维、信息资源服务、数据存储和备份、确保业务连续性等主要功能；同城应用级备份中心主要承担重要信息系统应用级灾备以及开发测试、演练、培训等功能；异地数据级灾备中心主要承担关键信息系统的异地数据级灾备的功能。

第三，先进的信息系统建设理念。中银富登的信息系统建设遵循以下五个理念：一是在系统架构方面，以客户关系管理系统（CRM）为中心，全面实现客户360度信息的整合，及时高效地实现对客户的风险评估和管控。二是在信息收集方面，考虑到小微企业和农户的资产与财务档案缺失、需要依靠大量现场信息作为证明，而且经营者常常忙于自身生产经营而无法到银行办理业务，为一线客户经理全面配备了附带3G网络支持的手持电子设备，客户经理可以上门服务并很方便地将现场信息快速传递给银行的中后台信息库，适应了县域市场生产经营的客观需要。三是在业务工具方面，充分利用科技手段满足农村客户的特殊需求。例如提供指纹识别作为账户结算验证工具，满足部分不会写字、记不住账户密码的农村中老年客户的需求。四是在信息整合分析方面，引入世界领先的人际关系网络系统技术，打造了社区银行独有的客户网络系统，极大地扩充了客户信息来源，使信息收集渠道和收集内容更广泛、更及时、更准确，为业务与风险部门全面分析客户业绩、需求与风险状况打下了坚实的科技基础，有力地支持了风险评估体系、产品和业务流程创新。五是系统简洁高效自动化程度高，如系统自动读取身份证信息，自动进行联网核查，自动打印客户申请书，快速开卡只需三分钟。

②线上线下并进，打造普惠金融服务生态圈。第一，建立健全普惠金融线下多层级服务模式。中银富登聚焦县域小微企业、“三农”、创业创新群体和脱贫攻坚领域，以中西部地区为主，兼顾东部“三农”和小微企业金融服务薄弱地区，构建县域为“基点”的法人行机构，乡镇为“支点”的支行机构，村落为“触点”的助农服务站点，形成“1 拖 3 拖 N”的三级服务网络模式，将普惠金融从县域下沉到乡镇、到村落，并广泛覆盖农村地区，打通金融服务的“最后一公里”。同时，在风险可控、成本节约、监管支持、客户认同的前提下，以移动网点（移动发卡）、自助设备、智能柜

台、移动 POS 等新型服务工具为辅，将普惠金融更精准、有效地拓展到更为偏远的地区，为外出务工的农民工群体、留守家属提供触手可及的存取汇转基础金融服务，为涉农产业链提供从生产、收购、加工、运输到销售的全流程信贷支持与结算服务，打造极具特色的农村普惠金融生态圈。

第二，做大做强普惠金融线上全渠道网络服务。中银富登根据县域小微企业、“三农”客群地理分布分散、对交易成本敏感、交易时效要求高、操作流程简单等需求特点，通过发挥集中、统一的 IT 系统架构和科技管理水平，突出电子渠道不受地域限制的优势，将服务渠道从物理网点不断外延至互联网平台，形成线下线上相辅相成的普惠金融服务模式，提高服务范围、降低服务成本、提升服务效率。一是利用完善的支付清算基础平台，在目前已接入人行支付清算平台、银联等系统的基础上，继续探索与人行第二代支付清算系统、网联平台的接入，为县域客群提供微信、支付宝、银联二维码等丰富的移动支付服务，为小微企业、“三农”客群提供快捷、高效、免费的存贷汇等基础金融服务。二是发挥手机银行、网银等基础电子渠道产品优势，通过丰富产品功能、优化操作流程，激活小微企业、“三农”客群存款理财管理、网络贷款服务等需求，并引入水电煤气等民生缴费服务，让县域客群随时随地随心地享受金融与非金融服务。同时，针对中西部偏远山区移动网络服务不稳定的问题，提供特色化的贴膜卡短信银行，将金融服务普及到县域每一个客户，打造精准的、有效的全渠道普惠金融服务网络。

第三，利用大数据技术提升普惠金融服务效率。中银富登针对信息不对称带来的高成本、高风险等挑战，借助大数据技术的应用，改进普惠金融服务流程与效率。中银富登建立了数据仓库、大数据平台和管理信息系统，实现了全事业部主要业务系统的数据积累和前中后台的全方位应用。数据仓库采用“统一规划、统一标准、统一模型、统一交换”的方式，以金融业成熟的数据模型为基础，搭建了高性能、稳定、可扩展的行内数据平台，为各类数据深度应用打下了坚实的基础。大数据平台采用网络爬虫、全文检索、地理信息、社交网络等技术，实现了工商、失信等外部数据的抓取、整合、展现和分析。村镇银行决策分析系统在构建全行统一指标体系的基础上，从业务、风险、财务、运营、合规等方面为总部及各村镇银行打造形式丰富、功能灵活、使用便捷的信息服务与共享平台。

4. 点评与分析

中银富登村镇银行自2011年以来，在全国范围内开设了80多家机构，总资产规模超过270亿元，是大银行做村镇银行的成功案例。这些机构专注地服务于县域内的小微企业、农户，取得了很好的成效。总结中银富登村镇银行的经验，可以归结为以下几点：一是中行党委高瞻远瞩，解放思想，能够放手鼓励村镇银行管理总部开拓创新。二是总体战略定位于“扎根县域、支农支小”，成为全国所有机构统一的行动指南，明确的奋斗方向。三是集团化“作战”，抗风险能力强。中国银行具有社会认知度高的品牌效应，有利于负债业务拓展；规模化经营使得机构整体抗风险能力强；新加坡富登金控先进的微贷技术和管理经验，为全国的机构所用，可以小额、分散放贷，深入农村服务客户；专门设计的绩效考核指标、专业化的管理，是其在农村金融市场做到机构自身商业可持续发展不可或缺的要素。四是人才优势。村镇银行管理总部领导素质较高，懂业务，会管理，能够识人用人，而且，中银富登雄厚的资金实力、良好的声誉吸引了优秀的金融、IT、复合型人才加盟，使得它在战略规划、产品研发、内部管理等各个方面保持了较高水准，尤其是金融与科技结合领域的复合型人才成为集团实现科技引领村镇银行发展的关键因素。五是金融科技抢占先机。中银富登投入巨资建立了先进的信息系统，并且持续投入资金。这一点不仅其他单个村镇银行难以望其项背，就是作为发起行的农村商业银行、城市商业银行等也较难做出决策投入高成本、短期效益差的金融科技系统建设。中银富登内部数据库已经积累了大数据，为今后建模、应用打下了基础。在未来激烈的市场竞争中已经掌握了主动权。

（六）四川省新津珠江村镇银行

新津珠江村镇银行于 2011 年 5 月由中国银监会四川银监局批准设立，注册资本 1 亿元，由国有控股的广州农商银行控股发起，新津县政府参股。

总行内设 5 个管理部门和 4 个业务拓展部门，包括计划财务部、营销管理部、合规风险部、综合管理部、内部审计部和小额信贷部、小微企业部、零售业务一部、零售业务二部。同时，下设7个经营机构，包括总行营业室、兴义支行、普兴支行、花桥支行、花源支行、永商支行以及金华筹备组。该行现有正式员工83人，其中，大学本科59人，大学专科24人。

截至2016年年末，该行各项存款余额117973万元，各项贷款余额71125万元。2016年该行农户及小微企业贷款68291万元，占全部贷款总额的96.02%。

该行坚持“普惠金融”的发展理念，以“立足当地，服务‘三农’，服务小微、支农支小”为宗旨，以高度的政治责任感和使命感，大力履行金融企业的社会责任，创新服务“三农”模式，积极转变服务观念，提升服务水平、创新信贷产品，加大信贷投放，各项工作取得了持续、健康发展，对新津县经济发展起到了积极的推动作用。

1. 贴近“三农”的产品与服务

该行始终围绕满足新津县小微企业生产经营和农户的生产消费贷款需求，支持当地经济发展为经营宗旨，为了让农村地区更多的老百姓享受到便捷、高效、优质的金融服务，特别推出一系列适合当地农户的专项贷款品种。

“富农贷”。该产品针对新津当地村民，采取纯信用担保方式以及利率优惠政策，切实解决了广大农村客户的资金需求。该产品自推出以来，受到了广大客户的喜爱。截至 2016 年 12 月末，该行“富农贷”余额为 2600. 62 万元，同比增长 66. 47%，累计发放 5044. 1 万元，支持农户 417 户，户均贷款额度 6. 24 万元。

“渔业贷”。该行在“富农贷”的基础上，推出了专门针对新津渔业养殖的纯信用信贷产品。对符合信贷要求的养殖户“快查、快审、快放”，保证业务办理流畅，满足“短、频、急”的特点。

小微企业“连连贷”。该产品针对小微企业经营周期和贷款周期错配问题，对在授信期限和授信额度内且信誉良好的小微企业，采取“借新还旧”的方式切实减少小微企业融资成本的信贷产品。

在金融服务方面，该行不计较经济利益的得与失，一直致力于金融服务贴近民众，以支行为中心，通过客户经理分片包村、深入农村、扎根群众，聘用乡镇当地有影响力的人员及其家人成为金融联络员，在网点所在乡镇的村委会设立村社金融服务站等一系列措施，零距离宣传营销，保障当地农民及时获知金融惠民政策、充分了解金融知识和金融产品。此外，还通过定期向农民客户免费赠送油、米、盐等生活用品，免费为拆迁户搬家、放电影、送春联、送文化下乡等活动，拉近与广大客户的距离，及时了解农民生产生活上的资金需求，主动提供优质的金融服务，做农民朋友的贴心人。

2. 以多种渠道拓展吸储业务

存款是立行之本，对村镇银行来说储蓄存款上规模意味着其可持续发展有了“粮草”基础。目前，该行储蓄存款近9亿元，占全县储蓄存款份额的5%，预计2017年年末储蓄存款将达到10亿—12亿元。该行对储蓄存款组织工作的指导思想是“既要实现量的快速增长，又要建立广泛的客户群体，尽快摆脱以人脉经营为主线的营销模式，积极转向以抓渠道建设为主的网络营销”，以20—50岁群体作为重点客户群，结合传统的走村串户、社区活动、商业促销活动等方式增加客户的黏度，积极利用各种团体的会议、活动、组织或参与旅游团队郊游等营销方式，特别是与新津百货大楼合作，将百货大楼 7 万户客户联结到该行，通过送鸡蛋聚人气，收到了良好的效果；购置高清 LED 广告宣传车，宣传村镇银行的性质、为新津县宣传部播放宣传片，免费放电影，做到家喻户晓，融入当地百姓生活，每天 12 小时深入乡镇大街小巷宣传，积极依托政府、人民银行、银监会等官方媒介做好对村镇银行的政策宣传工作，渐渐获得了老百姓的认同。加强单位与员工家庭的沟通与联结，每月用职工福利费以及员工工资各 100 元，开展感恩父母活动，直接将 200 元打到父母账上，大大增强了全行员工和家属的凝聚力。召开储蓄客户座谈会，宣传珠江村镇银行的性质与服务，解决客户存款安全性疑虑问题。通过上述一系列工作，该行纯储蓄存款在一年多时间净增了 5 亿多元，走出了存款稳增长、调结构的第一步，为老百姓对珠江村镇银行从认知到认同打下了坚实的基础。

3. 化解不良贷款，各项业务重回稳步增长轨道

从设立之初至 2014 年，该行经历了从金融业繁荣到经济下行时期导致信贷风险加大、四川民营担保行业倒闭潮等后遗症所带来的不良贷款大幅度攀升的困境。

该行不良贷款的成因主要系2013年以前与民营担保公司合作担保贷款以及部分由于企业第一还款来源不足，抵押资产不足值所带来的风险，不良贷款一度高达8300万元，不良贷款率高达13.98%，监管评级3C，在全省村镇银行监管排名和珠江系24家村镇银行排名均列倒数第二，一度让该行陷入了举步维艰的困难局面。

2014年该行新一届领导班子组成，带领全行员工经过两年多百折不挠的努力奋斗，该行不良贷款共计压降6733万元，其中：现金清收1792万元，重组贷款110万元，核销4831万元，不良贷款已压降到1965万元，不良贷款率2.76%，预计2017年年末将不良贷款压降至800万元，不良贷款率控制在1%以内。监管评级初评3A，取得了在24家珠江系村镇银行中排位第四名的好成绩。

该行在业务经营上认真总结了前期的经验教训，制定了严格的规章制度，着手从制度上防范风险，一是严防系统风险，暂停了连保贷款、个人大额担保贷款，以“强抓手、防逃债”为核心，着重强调抵押物变现能力和客户信誉、信用和经营稳定性相结合，严控贷款特别是大额贷款风险；二是通过“阳光信贷”专项工作，严防道德风险，杜绝大额隐性不良贷款和系统性风险贷款的发生。

随着2016年存款大幅度增长，贷款稳定增长，不良贷款高发势头得以遏制并呈大幅度下降的较好成绩，该行在经营上已经度过了最为艰难的时期，全行上下团结一心，目标明确，各项业务稳步上升，基本上解决了生存的问题，走上了可持续发展之路。

4. 经营发展中存在的困难

（1）发展空间有限

新津县面积330平方公里，其中工业及居住区面积130万平方公里，农业区面积200平方公里，人口30万，因地处天府新区工业化集中程度较高，农业不发达，基本无产业化农业。地域狭小和人口较少，加之制造业、商贸小微企业、农业的不发达，在一定程度上制约了村镇银行发挥“支农支小”的作用。

（2）相关政策对村镇银行的扶持减弱

一是该行成立期已满五年以上，不再享有各级财政对新型农村金融机构2%的定向补贴政策；二是按照四川省国税局新出台的涉农政策范围较之前口径范围缩小，该政策的出台使众多村镇银行不再享受西部大开发15%的税收优惠政策，税收将按25%征收。

上述两项政策对西部地区村镇银行的发展能力影响较大。

5. 实现可持续发展的措施建议

（1）政策扶持方面

建议财政部门延续对村镇银行定向补贴政策，税务部门将涉农口径调整为人民银行统计口径范围，在财政补贴和税收扶持方面给予村镇银行支持，增强可持续发展的能力和后劲。

（2）发起行支持方面

该行发起行为广州农商银行，从发达地区支持西部地区经济金融的角度，建议引入发起行在村镇银行所在地发放大额贷款的机制，在有村镇银行的地方投放贷款不受异地投放政策限制，以利用发起行平台和资金优势，增加当地大额贷款的投放，一方面使得外地资金助力当地经济发展，另一方面也可让所在地村镇银行通过进行资金监管和账户结算，获得一部分中间业务收入及结算资金，为村镇银行的发展增加后劲。

（3）地域贷款限制方面

目前村镇银行业务范围均局限于本辖区域内，但由于县域地域分布不均，造成农村金融市场的渗透性不够充分。以新津县为例，新津县周边的郊县（市）地域面积都在1200平方公里以上，人口60万以上的居多，而所在地的村镇银行由于自身和地域较广等因素，不能全面覆盖所在县域农村金融的需求，而新津珠江村镇银行又不能进入该区域办理业务，使得很多周边县域的农村农户贷款需求得不到满足。鉴于此情况，建议适当放宽地域发展限制，探讨“一行多县”的发展模式，对经营稳健、发展良好的村镇银行突破地域狭窄的困境，根据产业链延伸服务到周边县域，发放涉农贷款和小微企业贷款，以便为农户、农业、农村经济提供更便利、更充分、更有效的金融服务，破解区域间金融服务欠缺、市场竞争不充分、资源配置不均匀等问题。

6. 点评与分析

新津珠江村镇银行在发展历程中曾经遭遇到不良率高企的困境，经过两年多的努力终于化解了危机，重新回到各项业务增长的道路上来。该行能够度过困难时期的关键因素是：人。新的领导班子上任后，在拓展业务上清醒地认识到“大发展小困难，小发展大困难，不发展最困难”，但发展更应坚守风险底线，“不发展是等死，乱发展是找死”。为此，全行上下统一思想，齐心协力，共渡难关。通过在业务经营上一点一滴的日积月累取得了良好的业绩，部分员工对未来的迷茫、动摇心态逐步得到了消除，归宿感增强，该行的核心竞争力和员工队伍的稳定性得到了进一步的增强。

该行积极探索树立标杆支行，以“高目标、高素质、高强度、高薪酬”的“四高”标准，打造一支敢想敢拼、吃苦耐劳的团队，引领全行士气，引发“狼群效应”。目前，已有四家支行储蓄存款超过1亿元，支行解决了自身吃饭问题，标杆效应得到了进一步显现。

（七）汾西县太行村镇银行

1. 设在贫困地区的微型银行

山西省临汾市汾西县是革命老区县，也是国家级重点扶贫开发县。该县经济结构主要以农业为主，产业形态具体以分散化的玉米种植和牲畜养殖为主；登记人口 14 万，但常住人口不足 10 万，青壮年劳动力流失严重；全县存款总规模不足 25 亿元，群众和企业的贷款需求度低，金融环境恶劣。截至 2016 年年末，汾西县生产总值完成 20.9 亿元，城镇居民人均可支配收入 2.3 万元，农村居民人均可支配收入仅 0.3 万元。

2010 年，汾西县有农业银行和中国邮政储蓄银行两家金融机构，不能满足县域金融服务要求。为解决当地金融机构网点覆盖率低、金融供给不足、竞争不充分等问题，2010 年 5 月，在山西银监局和临汾银监分局的指导下，汾西县太行村镇银行正式挂牌营业。汾西县太行村镇银行由晋城银行独资设立，注册资金 300 万元。

该行的组织架构由股东会、董事会、职工监事、经营层组成，其中董事会下设风险管理与关联交易控制委员会、审计与监督委员会和提名及薪酬管理委员会；经营层内设办公室、风险管理部、客户部、营业部、计财部“四部一室”。

汾西县太行村镇银行是一家小银行。作为小银行，他们始终坚持勤俭办行。行长和员工挤在一间办公室里，开业至今只有一辆公车，所有大额费用开支都要经行务会集体审批才可使用。截至2016年年末，汾西县太行村镇银行共设一个营业网点，一家农村金融综合服务站，共有员工18人。

汾西县太行村镇银行以发起行晋城银行的企业文化为指导，将“追求完美、成就你我”作为企业精神，在国家级贫困县，用自己的坚持和努力走出了一条小而精、小而美的村镇银行发展之路。截至2016年年末，该行资产总额为14045.79万元，负债总额为13060.75万元；各项存款余额为11689.05万元，各项贷款余额为7541.44万元（见表7－6）。

表7－6　2016年年末汾西县太行村镇银行发展现状　单位：万元

经营指标	2015年	2016年
资产总额	10336.44	14045.79
负债总额	9647.55	13060.75
存款余额	8851.84	11689.05
贷款余额	5388.44	7541.44

资料来源：汾西县太行村镇银行。

2. 百分之百专注小微与“三农”

（1）吸收居民储蓄、服务社区金融

汾西县域金融机构主要有中国农业银行、中国邮政储蓄银行、尧都农村商业银行汾西支行、勍香资金互助社、太行村镇银行和亿通村镇银行共六家金融机构，其中中国农业银行和中国邮政储蓄银行主要是以吸收存款为主，发放贷款主要以村镇银行为主。截至 2016 年 12 月末，中国农业银行和中国邮政储蓄银行两家机构存款占全县存款总量的 90.68%，而两家村镇银行贷款却占全县贷款总量的 73.62%。由于经济进入新常态，汾西又是一个农业县，工业企业几乎为零，种植、养殖业形不成规模，商贸流通业也不发达，导致存贷款市场“两不旺”的局面。

在存款方面，该行存款主要是以居民个人储蓄存款为主。截至 2016 年年底，该行各项存款余额为 11689 万元，其中，储蓄存款 10458 万元，占比 89.47%；对公存款 1231 万元，占比 10.53%；存款户数为 30724 户，户均 0.38 万元。

（2）坚持“做小、做散”，带动小微与“三农”

在贷款方面，该行受资本金小的限制，2015 年以前，单户授信额度最高为 30 万元，2015 年增资扩股到 600 万元后，单户授信额度提高到 60 万元，随着盈利能力的增加，单户授信额度可放到 100 万元以上，但该行始终坚持小额分散的信贷原则，单户授信额度始终控制在 60 万元以内，有效地规避了风险。

截至 2016 年年末，该行累计发放贷款 2984 笔，金额 23782.59 万元，平均单笔贷款 7.97 万元，农户和小微企业贷款余额占各项贷款余额比重 100%。

该行的主要贷款品种分为：白领通贷款、存单质押贷款、个人消费贷款、个体工商户贷款、农户贷款、小额农户贷款六类。其中，小额农户贷款是该行针对农民贷款难、担保难的情况，专门开办的信贷产品，具有准入条件低、担保方式灵活、利率低（在该行现行贷款利率上再下降 4.25 个百分点）的特点。截至 2016 年年末，该行累计发放个体工商户贷款 1121 笔，10157.42 万元，占所有贷款比重相对较高；发放个人消费贷款 595 笔，5489.3 万元；发放农户贷款 521 笔，5613.81 万元（见表 7－7）。

表7－7 2016年年末汾西县太行村镇银行各类贷款发放情况

单位：笔；万元

贷款分类	贷款笔数	贷款金额
白领通贷款	18	65.5
存单质押贷款	128	632.19
个人消费贷款	595	5489.3
个体工商户贷款	1121	10157.42
农户贷款	521	5613.81
小额农户贷款	601	1824.37

资料来源：汾西县太行村镇银行。

专栏7－6

汾西县太行村镇银行“1143”惠农贷案例

除了坚持“做本土化草根银行”的战略定位外，汾西县太行村镇银行还坚持支农支小的市场定位，坚持小额、分散的信贷原则。

2016年，面对经济新常态和“三农”贷款难、担保难的实际情况，该行推出了“1143”惠民工程。即在一个乡镇选择1000户优质农户为支持对象，其中40%为建档立卡贫困户，信贷额度为3万元。

该行将这一产品命名为“惠农贷”，贷款期限最长两年，利率在现有基础上下浮4个百分点，担保方式以兄弟姐妹为主，根据客户还款来源和贷款用途，可采取按月等额本息、按月结息分期还本、按月结息分季还本、按月结息分年还本、按月结息一次还本等多种方式还款。

为保证切实做到“支农支小”，该行在客户名单选择上实行了五步走的方式：第一步是先邀请有贷款需求的客户进行自我申报。第二步是请当地村委会进行审查，选择出一批信用良好、无品行劣迹的客户，这样既保证了客户的偿还意愿也保证了贷款的真实用途。第三步是行内筛选。第四步是邀请当地有名望的“能人”对客户进行再评估。第五步才是走流程、放款。

贴近乡土特色的审查方式，有针对性的精准扶贫，使得这样的贷款产品真正起到了惠民、扶农、帮困的作用。截至2017年3月底，该行共发放3万元以下的小额“惠农贷”1617万元，其中最小的一笔为5000元，惠及农户566户，涉及3个乡镇的31个行政村。目前还款情况良好，未出现不良。

目前，该行主要开展了存款、贷款、汇款等传统业务，未开办理财业务、信用卡业务、委托代理业务。贷款方式主要有抵押贷款、质押贷款、保证贷款和信用贷款，贷款业务具体开展情况见表7－8。

表7－8　2016年年末汾西县太行村镇银行贷款业务开展情况

单位：%

贷款方式	金额占比	利率
抵押贷款	1.41	14.25
质押贷款	2.66	4.35
保证贷款	95.65	14.25
信用贷款	0.28	10

资料来源：汾西县太行村镇银行。

3. 缓步发展、开源节流

从2010年到2014年年初，汾西县太行村镇银行始终处于缓步发展中，但从起步开始，他们就始终坚持支农支小、服务“三农”的市场定位，服务微小客户，立足草根群体，做“本土化草根银行”的战略定位从未发生过动摇。2014年年初，该行确定“一年更名、两年增资扩股、三年盈利分红”的未来三年发展规划。该行一方面开源，另一方面节流，从开业之初的亏损上百万元到2015年该行不仅弥补完了之前的亏损额，还实现了盈利。

2015年，汾西县太行村镇银行向当地社会发出了增资扩股的公告，受到了当地百姓的认可。员工认股100万元，当地法人和自然人认股200万元。汾西县太行村镇银行顺利实现了增资扩股，2015年第二季度，该行的注册资本翻番达到了600万元，实现了扭亏为盈。目前，该行股东数量为23个股东，其中法人股东晋城银行，出资额为300万元，占比为50%；自然人股东22个，出资额为300万元，占比为50%。

2016年年末该行实现净利润314万元。截至2017年3月底，该行资产总额达到1.45亿元，存贷比始终保持在60%左右，各项监管指标全部达标，预算分红比例可达15%左右，所有者权益达到1105.09万元。

从经营效率来看，截至2016年年底，该行成本收入比为41.29%，利息收入为1004.74万元，利息支出为218.84万元，利息净收入为785.90万元。

截至2016年年底，该行资本充足率为13.77%，不良贷款率为0.33%，贷款拨备率为2.83%，流动性比率为86.17%，净稳定资金（融资）比例为189.80%，单一客户贷款集中度为5.61%，单一集团客户授信集中度为0。

截至2016年年末，该行税前利润为374.06万元、税后利润为314.06万元、调整资产利润率为2.24%、资本利润率为31.88%、成本收入比为41.29%。

该行平均每位信贷员管理贷款客户260户，平均管理贷款余额达到1500万元以上。

4. 点评与分析

先看看如下数据：汾西县常住人口不足10万，全县存款总规模不足25亿元，生产总值20.9亿元，农村居民人均可支配收入仅0.3万元。汾西太行村镇银行注册资本600万元，自然人股东22人，人员规模18人，存款户数为30724户，贷款户数946户，户均贷款7.97万元，实现净利润314万元。

汾西县太行村镇银行从注册资金、网点、人员数量上看都具有微型商业银行的特征。该行设在国定贫困县，人口资源与经济环境较为恶劣，金融市场环境较差。

在公司治理方面，该行能够按照原则和章程规定，建立了科学有效的公司治理模式，保障了股东会和董事会决议贯彻落实。在客户定位方面，该行避免与国有大型银行、城市商业银行等进行竞争，能够专注服务"三农"和小微企业，践行了村镇银行的"小额、分散"的业务原则，细分市场，选择适合自身且人数较多的草根群体和"三农"低端消费群体。从发展速度上看，该行根据地方经济的实际情况，在人员配置、网点设置上都选择了较为稳健的战略方针。

由此可见，村镇银行作为新型的农村中小金融机构，只要选好董事长和行长，专注"三农"、小微的市场定位，在金融市场中与实力悬殊的大型商业银行错位竞争，就能克服资产规模小、科技力量薄弱、专业人才缺乏，抗风险能力较弱的短处，最终实现商业可持续发展。而在地方经济落后地区设立村镇银行，只有坚持"小额、分散"的业务模式，有效降低风险的形成，村镇银行才能真正落地生根。

（八）国内案例总结

第一，经过十年的发展，村镇银行在县域内支农支小的市场定位已经明确，在提供金融服务的方式上，各家村镇银行做了许多有益的探索。在深入调研本地各类经营、消费主体需求的基础上，村镇银行研发了系列化、多样化、个性化的金融产品，基本上可以满足当地小微企业、农业生产大户、个体工商户、农户及自然人的需求，持续提升了县域金融服务的可获得性和满意度。值得一提的是，为了深耕农村市场，村镇银行尝试了多种途径，有的机构让客户经理分片包村，有的设立“金融业务联络员”，还有许多机构开设“便民服务点”“流动服务车”，将村镇银行的触角延伸至每一个角落，在农村市场上做精做细、做小做散，既使农民获得便捷的金融服务，也为村镇银行自身站稳脚跟、谋求发展奠定了基础。目前，客户经理在村镇银行的员工中占比较少，开展微贷、农贷业务离不开客户经理团队建设，在绩效考核、职业发展路径等方面制定规则，经过较长时间培养才能建立起信贷员队伍。

第二，提升公司治理水平。村镇银行作为一级法人，依据《公司法》的要求构建了简洁、灵活、有效的治理架构，需明晰权责边界，主发起行依法履行出资人和大股东的职责，董事会、监事会、高管层各司其职、各负其责。应避免主发起行干预村镇银行日常经营管理的现象，尊重村镇银行独立法人地位和经营自主权。

第三，村镇银行的社会责任。现阶段，作为金融企业的村镇银行普遍做了一些公益性活动，包括访贫问苦、捐资助学、文化下乡等，在这些活动中，既让农民和弱势群体得到了帮助，也达到了村镇银行宣传品牌、揽储展业的目的。村镇银行的社会责任意识已经萌芽，但还远远不够。作为“社区微型银行”，村镇银行需要全方位地与县域社会经济、生活相融合，参考国际上对微型金融机构社会绩效评价的指标，在金融服务透明度、客户教育、客户保护、员工待遇等方面进行提升，比如，向客户说明贷款利率、还款方式、实际负担成本；建立客户申诉渠道；进行满意度调查；客户信息隐私保护机制；员工满意度及意见反馈权利保障，等等。

第四，完善村镇银行法规制度。适时修订《村镇银行管理暂行规定》，去掉“暂行”，条件成熟时制定《村镇银行管理条例》，将其法规层次上升为国务院行政法规。我国的村镇银行借鉴了国外社区银行的概念，完善村镇银行法规制度可参考美国的《反托拉斯法》《社区再投资法》《小企业法》，这三部法律是社区银行生存的法律保障。尽管美国银行业并购竞争激烈，但社区银行始终保持良好的发展态势，已经成为美国中小企业主要的融资渠道，推动了美国经济的发展。法律体系所构建的监管框架保障了社区银行在与大型商业银行的竞争中定位准确，即为所在社区小企业和个人提供金融服务，取得了成功。美国的经验值得我国在制定村镇银行法规和监管制度时学习、参考。

第五，村镇银行需重视金融科技应用的问题。目前除了中银富登村镇银行在金融科技方面一骑绝尘、遥遥领先以外，其他村镇银行的金融科技水平不高，有的银行开设了网银、手机 APP，少数银行开通了微信银行、直销银行等；因村镇银行资金实力、人才制约等条件限制，大部分核心业务系统托管在发起行，遏制了村镇银行创新科技应用的积极性。随着移动通信技术进步、互联网覆盖所有地区，新生代市民、农民都是“网民”，作为金融企业的村镇银行如何顺应时代变化、服务客户，找到恰当的模式建立金融科技基础，学会运用大数据、区块链以及云计算等，对于村镇银行来说是迫在眉睫的挑战。

八　国际案例：德国的管家银行制度

（一）德国的金融制度概况

德国属于以银行为主的金融体系，与美国的金融体系形成鲜明的对照。在德国，金融市场（这里主要指证券、期货与期权市场）相对而言并不重要，银行集中度较高，而且在企业的外部治理中，管家银行（Hausbank，相当于“主开户行”）制度发挥着重要的作用[①]，甚至主导作用。在整个欧洲，管家银行或主开户行的主导作用没有比德国更甚。[②] 与此相对，在美国，金融市场最重要，银行竞争性强，而且在企业的外部治理中，敌意

① 富兰克林·艾伦、盖尔·道格拉斯：《比较金融系统》，中国人民大学出版社2002年版，第4页。

② Pöttke, Alexandra: *Die Rolle von Vertrauen im Privatkundengeschäft bei Kreditinstituten*, München: FGM Verlag, 2000, S. 16.

接管发挥重要的作用（如图8－1所示），但不存在德国这样的管家银行制度或者日本的主银行（Main Bank）制度。[①]

	美国	英国	日本	法国	德国
金融市场	最重要	最重要	发达	相对并不重要	不重要
银行	竞争性强 ——→				集中度高
外部公司治理	敌意接管	敌意接管	主银行制度		管家银行制度

图8－1　一些国家的金融体系比较

资料来源：富兰克林·艾伦、盖尔·道格拉斯：《比较金融系统》，中国人民大学出版社2002年版，第4页。译文有所修正。

“Hausbank”，这里翻译为“管家银行”。根据维基百科对该德文词条的解释，它属于银行客户自己的主开户行（principal bank），该银行持久地为客户处理其绝大部分金融交易。[②] 管家银行可以直接持有客户公司的很大股份，为那些把其股份交付银行托管的投资者代理投票，因而享有与此对应的附加权力。[③] 德语中的

① 富兰克林·艾伦、盖尔·道格拉斯：《比较金融系统》，中国人民大学出版社2002年版，第4页。

② “Hausbank”，Wikipedia，https：//de. wikipedia. org/wiki/Hausbank. 浏览于2017年7月30日。

③ “Hausbank”，The Law Dictionary，http：//thelawdictionary. org/hausbank/，浏览于2017年7月30日。

“Haus”有着“大家庭”“自家”的意思。比如德语的电影和小说里，经常会涉及“Hausarzt”，即“家庭医生”，并不是自己专门排他性地雇用和使用一个“医生”，而是在社区中的一位医生，自己的家庭有病没病都会找他看病。“Hausbank”与“Hausarzt”中的“Haus”的意思其实差不多。一家企业的管家银行必然是其主要的开户行，打交道最多的银行，最为熟悉的银行。这里，如果参照“Hausarzt”的译法，把“Hausbank”译为“家庭银行”有些不妥，否则别人会误以为是属于某一家庭的家族银行。

德国有三大银行体系：商业银行、储蓄银行与合作银行体系。这三大银行体系也是德国银行业的三大支柱。2010 年年底，根据德国联邦银行统计，德国共有 2092 家银行业金融机构及其 38183 家分支机构。商业银行体系包括 218 家私立银行，其中包括 4 家大型银行，159 家区域性银行或其他银行，以及 96 家外资银行的德国分支机构。储蓄银行体系包括 431 家储蓄银行和 10 家地区性银行或专业机构。合作银行体系包括

1144 家信用合作社和 1 家合作社中心银行。①

很多中小企业会把确定三大银行体系中的某一家银行作为自己的管家银行。由于德国推行全能银行（Allfinanz）体制，银行可以从事保险和证券业务及投资银行业务，甚至参股企业，德国的“管家银行”可以向中小企业和个人客户提供各种金融服务，对满足中小企业和个人客户金融服务需求有着重要的意义。

（二）管家银行的特点

德国的中小企业及自然人通常与一家特定的银行即管家银行维持密切的业务关系。大型公司，如那些属于德国股票指数（DAX）成分公司，只有在银行的现金管理和支付交易中还沿用经典的管家银行理念。所以，管家银行首先对于中小企业和自然人发挥重要的作用。

管家银行的运作有着如下特点：

一是体现关系型融资（relational financing）特点。管家银行在推行关系型融资原则方面具有天然的优势，

① “Deutsches Bankwesen”，https：//de. wikipedia. org/wiki/Deutsches _ Bankwesen，浏览于 2017 年 8 月 12 日。

而且也倚重关系型金融。根据青木昌彦的定义，关系型融资是“一种类型的融资，在其中金融机构为了在未来能获取租金，可被期望在一系列难以合约化的状态下（uncontractible States）向企业提供潜在的额外融资”。[①]这里最明显的是保持长期忠诚关系，解决信息不对称问题，降低交易成本。关系型融资原则与“等臂距原则”（arm – length principle）相反。后者是指在交易中交易各方相互独立，立足于平等的基础，不依赖特定的关系。

二是与上述关系型融资特点相关联，银行与客户的关系存在着持久性。银行与客户之间关系的持久性，就其定义而言就是管家银行的一大属性。客户与一个特定的信贷机构之间巩固和维持一种长期合作关系，这是有其道理的。每个银行客户有着个人偏好（与特定银行顾问的信任关系），空间的偏好（银行在居住地附近），涉及实物的偏好（为此，银行可以客户所拥有的实物作为对客户的信贷担保品）。这些偏好可以促进企业对

① Aoki，Masahiko，and Serdar Dinc. “Relational Financing as an Institution and Its Viability Under Competition”. Www – Siepr. Stanford. Edu. Accessed August 9，2017. http：//www – siepr. stanford. edu/workp/swp97011. pdf.

银行的忠诚度：即便银行的评级恶化，也能维持客户关系①。

三是客户对银行保持着很高的忠诚度。银行忠诚度是指，在品牌忠诚框架内，如果银行客户在过去很长一个时期内一直与特定的银行保持着业务关系，而且在未来也预期会保持这种关系。② 这里事关银行客户的一种持久的行为，该客户一直并且在很大程度上排他性地接受一个特定银行的服务。解除与一家银行的业务关系和建立新的银行业务关系，可以给客户造成很多的麻烦，所以只有银行发生严重的服务问题，才会触发这一举措。③

四是银企之间体现一种合作共赢的合作伙伴关系。企业对管家银行的忠诚，管家银行对企业的持续支持，这种长期平等合作关系既促进互利，又带来“双赢”。

---

① Wittman, Christoph Moritz, Investmentbanking und Nachfolgeberatung der Sparkassen, 2010, S. 50 f.

② “Hausbank”, Wikipedia, https://de.wikipedia.org/wiki/Hausbank. 浏览于2017年7月30日。

③ Hermann Meyer zu Selhausen, Quantitative Marketing – Modelle in der Kreditbank, 1976, S. 34.

（三）管家银行制度的作用

管家银行制度对于中小企业和个人客户融资有着重要的作用：一是银企之间建立了长期、稳定、紧密的信任关系，相互提供支持，银行存在提供长期融资服务正向激励。二是银企之间建立长期的、信息对称的、多次合作博弈的持续融资关系，管家银行相对于非管家银行对客户拥有信息优势，可以提供量身定制的金融服务。三是管家银行可全面结合其管家银行和“全能银行”双重优势，向客户提供其所需求的多数甚至全部金融服务。四是即便企业出现经营不善问题，银行仍然可以较好评估企业的发展前景，克服短期困难，重新安排债务，以期在长远获益。银行也可以通过债转股而持有企业股份。对于企业而言，管家银行的这种作用有些像提供了一种流动性保险的作用，即稳定融资的作用①。五是管家银行可以在企业发展战略方面对企业提供一些重要的咨询意见，有助于企业良性发展。

① Elsas, Ralf. Die Bedeutung der Hausbank. Eineökonomische Analyse. Wiesbaden: Deutscher Universitäts – Verlag, 2001.

图8－2罗列了根据客户需求划分的金融服务产品。全能金融使得银行可以向客户提供各种交叉销售（cross－selling）。交叉销售是指金融机构在出售某种金融产品时，向客户附带供给其他金融产品或劳务，以加强发掘和利用客户关系[①]。比如管家银行设有客户的汇划账户，就有可能通过交叉销售向客户提供存折和各种用途的贷款服务，甚至提供更高价值的产品，比如财产和投资咨询，以及房屋建筑融资。而且交叉销售运作得好，客户便愈加相信企业。而客户愈加相信企业，交叉

处理交易和保障流动性	形成货币资产	形成实物资产	风险保护
支付交易 活期存款 透支贷款 信用卡 分期贷款 私人贷款	储蓄存款 储蓄券 定期存款 有价证券 资产寿命保险	抵押和期中融资 建筑储蓄与贷款	实物保险 (人寿风险保险) +资产寿命保险 无工作能力保险 事故保险 私人医疗保险

图8－2 根据客户需求划分的金融服务产品

资料来源：Guido Stracke und Dirk Geitner. Finanzdienstleistungen：Handbuch über den Markt und die Anbieter1. Fachmedien Recht und Wirtschaft in Deutscher Fachverlag GmbH，Januar 1992。

---

① Stracke，Guido und Dirk Geitner. Finanzdienstleistungen：Handbuch über den Markt und die Anbieter1. Fachmedien Recht und Wirtschaft in Deutscher Fachverlag GmbH，Januar 1992.

销售便愈加容易①。

而且，管家银行可以利用其掌握得较为充分的客户信息，针对不同的客户提供不同的金融服务（见图8－3），而且可以在客户的生命周期内不同时段提供有针对性的金融服务。这种针对整个生命周期的一连串金融服务，不论是管家银行还是全能银行，很难提供。

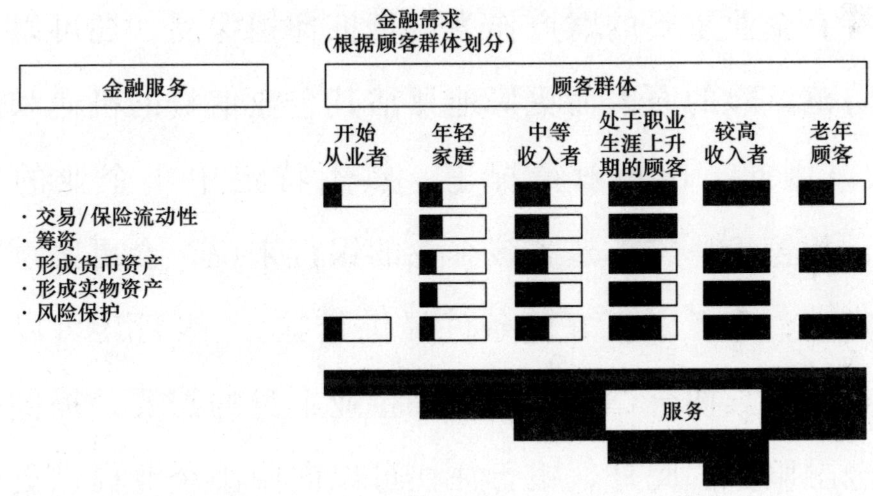

图8－3　按照顾客群体区分服务需求

资料来源：Guido Stracke und Dirk Geitner. Finanzdienstleistungen：Handbuch über den Markt und die Anbieter1. Fachmedien Recht und Wirtschaft in Deutscher Fachverlag GmbH，Januar 1992。

① Guido Stracke und Dirk Geitner. Finanzdienstleistungen：Handbuch über den Markt und die Anbieter1. Fachmedien Recht und Wirtschaft in Deutscher Fachverlag GmbH，Januar 1992.

（四）管家银行制度的适用性与局限性

对于不同规模的企业，管家银行制度的实用性不一样。中小企业更需要管家银行，而较大的企业则不然。银行与中小企业之间维持较长期合作，可使得银行更熟悉该企业的经济与法律状况和企业家个人的情况，银行可持有企业重要的财产作为信贷抵押担保品，还可以出于防范风险的原因而更好地评估其企业信贷的机遇和风险。[①] 因此，在一般情况下，熟悉特定中小企业的银行，相较于一家不熟悉该企业的银行来说，会更愿意提供贷款，或者以更好的条件提供贷款。[②] 银行还可以针对有着较长期合作关系的中小企业本身的需要，提供多种金融服务。此外，银行往往可以向中小企业提供更好的建议，例如利率变化风险对冲，汇率变化风险对冲，等等。但是，由于中小企业可能对一个特定的银行，甚

---

① “Hausbank”，Wikipedia，Guido Stracke und Dirk Geitner. Finanzdienstleistungen：Handbuch über den Markt und die Anbieter1. Fachmedien Recht und Wirtschaft in Deutscher Fachverlag GmbH，Januar 1992.

② “Hausbank”，Wikipedia，https：//de. wikipedia. org/wiki/Hausbank，浏览于 2017 年 7 月 30 日。

至对该银行的一个特定的员工产生太大的依赖性，中小企业往往也需要与至少一家其他的银行保持合作。[①] 这样可以防范一家银行利用其优势垄断定价。

对于上市公司，由于资本市场在融资问题上的透明度高，公司对单个银行的依赖性较低。很多大公司的财务管理的基本原则之一就是，尽可能避免对个别银行的依赖性，即通过同时与若干家银行保持商业关系。德国股票指数（DAX）成分公司经常与20—30家信贷机构同时合作。[②]

不过，企业不管大小，其现金管理和支付只能托付给尽可能少的几家信贷机构来办理交易，才是合理地完成交易。[③]

个人客户一般只需要一个银行账户。大多数个人客户只需要处理相对较少的银行交易。个人客户维持多个银行账户反而会增加其管理成本，降低其对财务状况的通览程度。

如果客户根据管家银行原则选择一家银行作为其唯

① “Hausbank”, Wikipedia, https://de.wikipedia.org/wiki/Hausbank，浏览于2017年7月30日。

② 同上。

③ 同上。

一的开户行，这对企业既有一些好处，也隐藏着一定的风险。根据雅尼克（Johannes Jaenicke）的分析，唯一的开户行关系对于银行有着很大的好处，可能不利于企业。这是因为银行可以通过充分利用银行定价垄断优势获益。这种情况可以在德国的各种银行集团的运作中看到[①]。由于银行客户只与一家银行保持银行业务联系，这可能导致对于银行客户而言没有市场透明度或者市场透明度太低，银行客户不能比较各种金融服务产品价格的高低[②]。在这里，银行与客户之间的信息不对称程度非常高：银行较好地了解客户，客户则不能把握整个银行业的金融服务产品提供及其价格状况。这要求银行和客户之间必须保持充分的信任，要求银行能够确实承担起充分的管家银行责任，通过为客户提供更多的服务而为客户创造更大的价值，由此为银行自身实现更大的价值。

① Jaenicke, Johannes. Eine empirische Untersuchung zur Preispolitik der Banken unter besonderer Berücksichtigung bundesbankpolitischer Maβnahmen, 2003, S. 5.

② "Hausbank", Wikipedia, Guido Stracke und Dirk Geitner. Finanzdienstleistungen: Handbuch über den Markt und die Anbieter1. Fachmedien Recht und Wirtschaft in Deutscher Fachverlag GmbH, Januar 1992.

（五）管家银行制度的变迁与未来

目前随着互联网金融的发展，管家银行制度也受到冲击。管家银行和客户之间的一些关系纽带出现断裂。现在德国的银行纷纷对客户提高收费，银行和客户之间的关系裂痕越来越大。

根据德国投资者营销股份公司2016年私人客户研究报告《未来的银行》[①]，德国的储蓄银行近85%的客户在该行开设了主要账户，在国民银行——雷弗巽银行系统（即合作银行系统），大约76%的客户在该行开设了主要账户（见图8-4）。这说明在储蓄银行和合作银行中，客户将银行作为管家银行的比例很高。这一指标在不同商业银行中的比例相差很大，比如德意志银行有大约60%的客户把该银行作为管家银行，塔尔哥银行（Targobank）则只有大约42%的客户属于此类情况。对于一些直销银行，比如德国信贷银行、商业直销银行以及ING-DiBa，作为现有体制的挑战者和“野蛮入侵

① Investors Marketing. Banken der Zukunft. Privatkundenstudie 2016.

者”，管家银行职能并不是其重点，但是为了照顾到德国客户与银行打交道的惯例，也提供管家银行服务，只是客户中将这些直销银行用作管家银行的比例较低，比如在商业直销银行中的比例大概为23%，在ING - DiBa互联网银行中大约为20%。

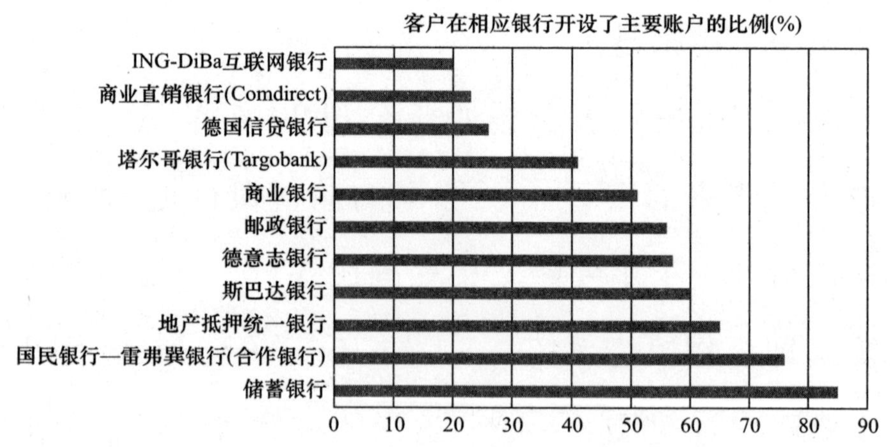

图8－4　德国银行承担管家银行职能的状况

注：这里根据客户在相应银行开设了主要账户的比例来看德国不同银行作为管家银行的不同重要性。

资料来源：Investors Marketing Privatkundenstudie 2016，Banken der Zukunft；N = 2002。

德国投资者营销股份公司2016年私人客户研究报告《未来的银行》也显示，选择一家银行作为管家银行的原因，在不同类型的银行之间差别很大（见图8-5）。分别达55%和51%的将储蓄银行和合作银行作为管家银行的被调查客户认为是“它一直就是我的银行”，分别有24%和29%的认为是“它在我附近有网点”，对于这两类银行的客户，银行的业务能力强弱和收费高低对于客户选择该银行作为管家银行影响较小。将德国邮政银行选为管家银行的被调查客户中，36%认为“它一直就是我的银行”，14%认为“它在我附近有网点”，27%认为“它的服务收费最低”。这里，“它的业务能力最强”这一因素影响甚微。在ING-DiBa互联网银行中，把该银行作为管家银行的客户中，分别有47%和20%认为“它的服务收费最低”和“它的业务能力最强”是选择该银行为管家银行的原因，其他因素的影响较小或者不存在。

根据ING-DiBa互联网银行职员的介绍，尽管他们可以不需要顾客提供支票和其他书面汇付要求凭证，而是可以借助线上系统全部处理，但是由于很多客户习惯于提供这些老式书面凭证，该银行也仍然接受和处理这些凭证。其顺应客户习惯的背后逻辑就是与客户形成一种紧密的联系，成为其管家银行。联系越是紧密，越容

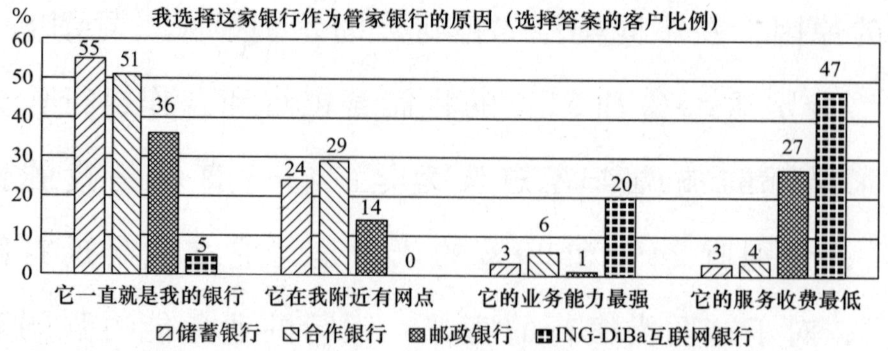

图 8－5 选择一家银行作为管家银行的原因

资料来源：Investors Marketing Privatkundenstudie 2016，Banken der Zukunft；N = 2002。

易挣到客户的钱。[①] 虽然 ING－DiBa 是互联网银行，但是与线下银行相比，有一些因素没有变化：每家银行均想成为客户的管家银行。管家银行保持着客户的工资账户，就掌握了客户及其资金。客户也许会对进一步的金融服务提出要求，比如开设银行保险箱、申请分期付款贷款、购买保险，等等[②]。银行则通过这些附加金融服务实现附加收益。

但是，互联网银行对传统银行的冲击是巨大的。一

① Seibel，Karsten. Kundenflucht wird für Banken zum ernsten Problem，Die Welt，17. 4. 2017. https：//www. welt. de/finanzen/verbraucher/article163752754/Kundenflucht－wird－fuer－Banken－zum－ernsten－Problem. html. Recherchiert am 10. 8. 2017.

② Ibid. .

个顾客一辈子只忠诚于其管家银行的时代越来越成为过去[①]。没有任何银行可以肯定能够确保自己的客户不流失。越来越多的客户愿意改变其主开户行，因为做出这种改变变得越来越容易。很多客户对其管家银行提高账户收费越来越不满[②]，而互联网银行的特点就是收费低，因为它们没有分支机构，人员配备少，固定费用低，属于轻资产、高技术的金融科技机构。但是，也正是因为这些特点，互联网银行也很难做到传统银行这种贴近客户、长期关护、基于关系型融资的管家银行角色。因此，这种互联网银行的冲击搅动了德国银行业。有人担忧，长此以往，这也可能导致德国历史悠久的管家银行模式逐步退出历史舞台。

根据国际市场调研与咨询机构 YouGov 的市场调研报告《汇划账户的更换意愿报告》[③]，该机构调研人员在 2017 年 3 月 7—14 日调查了 18 岁以上的 3000 名银行客户。其结果是，每 10 名被调查者中有 1 名在过去

---

① Braun, Markus: "Girokonten: Wechselkarussell nimmt an Fahrt auf", in: Aktuelles, Wirtschaft, Juli 4, 2017.

② Seibel, Karsten. Kundenflucht wird für Banken zum ernsten Problem, Die Welt, 17. 4. 2017. https: //www. welt. de/finanzen/verbraucher/article163752754/Kundenflucht - wird - fuer - Banken - zum - ernsten - Problem. html. Recherchiert am 10. 8. 2017.

③ YouGov. Wechselbereitschaft Girokonto, April 4, 2017.

12 个月中变更了其主开户行关系。而且早一年前是每 10 名中有 1 名被调查者变更了其主开户行关系。相较于全部银行客户，合作银行的客户忠诚度最高，在过去 12 个月中只有 7% 变更了主开户行关系。同一时期内，13% 的银行客户在直销银行（尤其是互联网银行）开设了主要账户，比前一时期增加了 3 个百分点。多数德国银行客户（57%）只在银行的一个分支网点设有账户，4/5 的德国银行客户在银行的一个分支网点保有其主要账户。《汇划账户的更换意愿报告》警告，德国的银行分支网点失去其客户已成为长期趋势，而且会愈演愈烈。

根据《汇划账户的更换意愿报告》，几乎 1/4 的银行客户是已变更或有意愿变更主开户行关系者，或是新银行客户。这部分人并不限于特定的财富和收入阶层。相反，有意愿变更主开户行关系者贯穿社会中所有的阶层。对于没有金融资产者中有 9% 为有意变更主开户行关系，金融资产在 10 万欧元以内者中则有 13% 有意变更。拥有超过 10 万欧元金融资产的银行客户，10% 有意变更其汇划账户。总体而言，有 8% 的银行客户有了确切的计划，在未来 12 个月内开设一个汇划账户或变更其主要开户行关系。还有16%仍然迟疑未决未定，可能有意做出变更。只是各地合作银行的客户当中，决定做出变更者比例略低。鉴于合作银行客户群人数众多，其中有意做出变更者的人数仍然庞大。近7%正计划变更他们的主开户行关系。

《汇划账户的更换意愿报告》显示，对于一半德国银行客户而言，变更主开户行关系的主要原因之一是其他银行的账户维护收费更低。其他原因是一个更好的网上银行（19%），一个更好的自动取款机网点布局（16%）和可更便利地到达银行网点（14%）。然而，只有几乎占了1/3的客户认为较低的账户维护收费是其忠诚于自己的银行的主要原因。对于合作银行的客户，选择因为银行账户收费低而不变更主开户行关系的比例甚至只有1/4。对于这个特殊的客户群来说，特别重要的是银行网点的可达性（52%）和良好的网上银行服务（40%）。与银行职员的个人接触和存在固定的银行联系人有助于与客户保持长期紧密关系（38%）。

《汇划账户的更换意愿报告》建议，有关如何阻止客户流失并获得新客户的问题，单单调整账户管理费或者改善分支网点的布局还不够，还需要聚焦于银行自己的细分市场客户，针对特定的客户群体推行不同的对策。这就要识别不同客户的各种具体需要，并通过适宜的交流渠道向其提供相应的激励，满足其需要。YouGov 的调查人员问到哪些优惠待遇至少会让您动心考虑是否需要变更银行开户行关系这一问题时，57% 的被调查客户选择了银行支付开户补助费（Startguthaben），41% 选择银行提供免费信用卡，29% 选择提供网上购物券、19% 选择退款保证，16% 选择实物奖励等。其他选择还包括旅游购物券，折扣优惠等。

总之，随着全球化、减少金融管制和互联网金融化，目前德国的银行客户存在账户多元化和更换开户行的趋势。其结果是银行失去其存量客户，也失去可能的收益。它们对新旧客户的收入状况也缺乏总体把握。一旦客户的汇划账户不开设在银行，那么这个客户等于基本上完全失去。① 在去管家银行化之后，银行缺乏与客户的长期紧密联系与对客户状况的全面信息，难以向客户推荐产品、服务或者进行其他销售。② 其发挥全能银

① Seibel, Karsten. Kundenflucht wird für Banken zum ernsten Problem, Die Welt, 17. 4. 2017. https: //www. welt. de/finanzen/verbraucher/article163752754/Kundenflucht - wird - fuer - Banken - zum - ernsten - Problem. html. Recherchiert am 10. 8. 2017.

② Ibid. .

行职能的空间和力度由此大为收缩。

（六）总体评述与对中国的意蕴

德国的管家银行制度受到了全球化、减少金融管制以及互联网金融兴起的冲击。但在较长时间内，管家银行制度仍然发挥着较大的作用。政府推行中小企业促进政策，间接支持了德国的管家银行制度。[①] 比如，政府的政策性银行——复兴信贷银行不直接接受中小企业的贷款申请，而是由企业的管家银行代为提交贷款申请，贷款额只能占到所需贷款的一定比例（比如50%），余下的贷款额由管家银行提供。复兴信贷银行只承担一半的信贷损失风险，其余的由管家银行承担。管家银行可从复兴信贷银行分享到1个百分点的利息收入。[②] 德国一些政策性担保也促进了中小企业融资，有助于促进管家银行模式的存续。此外，德国有着非常有效的私立的

---

① Quack, Sigfrid and Swen Hildebrandt. Hausbank or Fournisseur? Bank Services for Small and Medium Sized ? Enterprises in Germany and France. Discussion Paper FS I 95 - 102, Wissenschaftszentrum Berlin für Sozialforschung, 1995.

② 冯兴元：《解决区域发展不平衡问题——欧盟和德国的经验》，《中国农村经济》1999年第6期。

全口径征信体系，支持整个银行业的健康发展。

从逻辑上看，管家银行与全能银行职能合二为一，基于关系型融资原则，能够较好地发挥银行满足中小企业和个人客户的金融服务需求，较好地提供信贷服务，同时还可以提供附加金融服务。较大企业的融资渠道多，融资方面不依赖于单家银行。一些信贷机构可以基于“等臂距原则”向其提供金融服务。这是在德国的情况。银行、企业、地方政府、社区以及居民当中散布着大量的有关特定时间、地点和情势的“局部知识”或“分散知识”。[①] 在管家银行模式下，这些“局部知识”或“分散知识”作为资源被较好地利用。

中小企业如果没有管家银行制度作为其依托，就只能与多个银行保持业务联系，防止自己只依赖一家银行，对银行也没有保持忠诚可言。银行借贷也不会考虑长期紧密“双赢”关系，相比之下，银行只是遵循“等臂距原则”提供信贷支持或者其他金融服务支持，

① Hayek, Friedrich August von: “Economics and Knowledge”. In: Economica. Vol. 4. (Feb. 1937): 33 – 54; Hayek, Friedrich August von: “The Socialist Calculation II: The State of the Debate”. In: Friedrich August von Hayek (ed.): Individualism and Economic Order. Chicago: Chicago University Press, 1948, pp. 148 – 180; Hayek, F. A. V. Law, legislation and liberty: a new statement of the liberal principles of justice and political economy. London: Routledge & Kegan Paul, 1973.

相较于德国，长期贷款的可得性就差。法国的情况就是如此。法国银行对中小企业服务的模式被称为"fournisseur"（供货商）模式，与之相伴随的就是更多的信贷配给、信息不对称、监控等问题。[①] 这里"局部知识"或"分散知识"被作为问题或障碍而未得到利用。

中国银行系统与中小企业的关系模式就类似于法国的"供货商"模式。这种模式的弊端很多。这些"局部知识"或"分散知识"被视为问题或障碍，没有被视为资源，因而没有得到利用。

管家银行与全能银行相结合的重要性其实也适用于其他国家，包括中国。关键在于是否存在这种管家银行和全能银行的制度和文化。虽然中国也在朝着全能银行模式转化，但是中国目前很难看到管家银行模式的影子。一些银行家不妨对部分企业推行这种模式，与这些企业建立管家银行关系，形成长期紧密的合作伙伴关系，对这些企业提供较长期的贷款额度、其他金融服务

① Quack, Sigfrid and Swen Hildebrandt. Hausbank or Fournisseur? Bank Services for Small and Medium Sized ? Enterprises in Germany and France. Discussion Paper FS I 95 - 102, Wissenschaftszentrum Berlin für Sozialforschung, 1995.

及企业战略咨询。一些地方政府也可以鼓励更多的本地银行与企业形成管家银行关系模式，促成在本地涌现一种管家银行模式和文化。

即便中国难以引入管家银行模式，也可以引入一些管家银行的做法。比如，银行对信用较好的民营企业和农户广泛引入信用额度管理法，取代原来的短期贷款法和先还贷再续贷的要求。这种续贷条件不符合市场经济的基本要求，应该让信贷机构自行负责自己的信贷政策，而不是由政府部门来统一管理。现在对贫困农户发放存贷两用卡，往往为农户提供了一个信用额度。这种方法可以应用于信用较好的民营企业和农户。为了减少信贷机构面对的信用风险，信贷机构可以采取风险定价的方式，通过进一步提高利率来控制风险，同时这些民营企业和农户可以广泛形成共同担保基金，把基金存放在其往来银行，从往来银行按照5—10倍的金额获得贷款。

参考文献

中文

[1] 陈圣洁:《社区银行成长四年　门前冷落鞍马稀》,《国际金融报》2017 年 7 月 17 日。

[2] 邓传忠:《下一个十年,村镇银行路在何方?》,《中国农村金融》2017 年 3 月 2 日。

[3] 韩伟:《农村社区发展项目管理》,四川大学出版社 2006 年版。

[4] 贺江兵:《农村信用社改革转舵　方向已被重新界定为社区银行》,和讯网,2006 年 3 月 6 日。

[5] 何德旭、王卉彤:《美国社区银行的发展:评述及启示》,《新金融》2006 年第 7 期。

[6] 洪奕宜、毕嘉琪、黄颖川、徐林:《建有益之言　谋务实之策》,《南方日报》2016 年 3 月 17 日。

[7] 富兰克林·艾伦、盖尔·道格拉斯:《比较金融系

统》，中国人民大学出版社 2002 年版。

[8] 李文红、蒋则沈：《金融科技（FinTech）发展与监管：一个监管者的视角》，《金融监管研究》2017 年第 3 期。

[9] 刘文璞、张保民、孙同全、张红：《小额信贷管理》，社会科学文献出版社 2011 年版。

[10] 冯兴元：《解决区域发展不平衡问题——欧盟和德国的经验》，《中国农村经济》1999 年第 6 期。

[11] 毛丹丹：《美国社区银行的发展及其对我国新农村金融建设的启示》，《海南金融》2011 年第 7 期。

[12] Robert DeYoung、William C. Hunter：《放松管制及互联网对大银行及社区银行竞争力之影响分析》，杨宝臣、苏云鹏、董越译，载中国民主建国会重点课题调研组、中国民主建国会天津市委员会组编《社区银行研究文集》，经济科学出版社 2006 年版。

[13] Robert DeYoung、Villiam C. Hunter、Gregory F. Undell：《社区银行的过去、现在和未来》，杨蔚东、李昕、纪英译，载中国民主建国会重点专题

调研组、中国民主建国会天津市委员会组编《社区银行研究文集》，经济科学出版社 2006 年版。

[14] “社区银行研究文献综述”课题组：《社区银行研究文献综述》，《西部金融》2013 年第 2 期。

[15] 沈克彪：《基于产权结构与关系贷款视角的村镇银行监管思路研究》，《金融教育研究》2012 年第 2 期。

[16] 唐岫立：《什么样的银行叫社区银行》，《中国金融》2014 年第 14 期。

[17] Thomas M. Hoenig：《社区银行与美联储》，徐保满、纪英译，载中国民主建国会重点专题调研组、中国民主建国会天津市委员会组编《社区银行研究文集》，经济科学出版社 2006 年版。

[18] 王爱俭：《发展我国社区银行的模式选择》，《金融研究》2005 年第 11 期。

[19] 王爱俭：《发展我国社区银行的比较、借鉴与战略设想》，载中国民主建国会重点专题调研组、中国民主建国会天津市委员会组编《社区银行研究文集》，经济科学出版社 2006 年版。

[20] 王德祥：《农村信用社改革存在的问题及对策》，

《南方金融》2010 年第 9 期。

[21] 魏革军：《新技术能否颠覆传统金融业》，《中国金融》2017 年第 12 期。

[22] 谢平、徐忠、沈明高：《农村信用社改革绩效评价》，《金融研究》2006 年第 1 期。

[23] 杨少芬、梁雪芳、王勉：《我国农村信用社实行社区金融模式改造研究》，《金融研究》2006 年第 7 期。

[24] 杨蔚东、杨宝臣、董越：《关于我国社区银行发展的战略思考》，《经济界》2006 年第 1 期。

[25] 杨蔚东、纪英、李昕：《美国社区银行及其对中国银行业发展的借鉴意义》，载中国民主建国会重点专题调研组、中国民主建国会天津市委员会组编《社区银行研究文集》，经济科学出版社 2006 年版。

[26] 杨胜刚：《比较金融制度：全球视角》（第二版），北京大学出版社 2016 年版。

[27] 叶申南、郭昊、柯皓：《美国社区银行发展和监管的经验与启示》，《中国财政》2015 年 6 月半月刊。

[28] 张漫游:《外资行布局村镇9年临考》,《中国经营报》2016年12月10日。

[29] 中国银行业协会:《2016年度中国银行业服务改进情况报告》, http: //www. zgyhy. com. cn/zixun/2017 - 05 - 10/3968. html。

[30] 中国互联网络信息中心:《第40次中国互联网络发展状况统计报告》, 2017年7月。

[31] 中国人民银行农村金融服务研究小组:《中国农村金融服务报告2016》, 中国金融出版社2017年版。

[32] 周明栋、陈东平:《农村信用社改革绩效的实证研究——基于48家县域农村信用社的调查》,《西南金融》2016年第6期。

[33] 左小蕾:《为民营银行营造公平竞争环境》,《中国金融》2013年第19期。

英文

[1] Federal Reserve Banks of New York, Atlanta, Boston, Cleveland, Philadelphia, Richmond and St. Louis: The 2015 Small Business Credit Survey: Report on Employer Firms, https: //www. newyorkfed.

org/medialibrary/media/smallbusiness/2015/ Report – SBCS – 2015. pdf.

[2] Hayek, Friedrich August von: " Economics and Knowledge" [M]. In: Economica. Vol. 4. (Feb. 1937): 33 – 54.

[3] Hayek, Friedrich August von: "The Socialist Calculation II: The State of the Debate" [M], In: Friedrich August von Hayek (ed.): Individualism and Economic Order. Chicago: Chicago University Press, 1948, pp. 148 – 180.

[4] Hayek, F. A. V. Law, legislation and liberty: a new statement of the liberal principles of justice and political economy [M], London: Routledge & Kegan Paul, 1973.

德文

[1] Quack Sigfrid and Swen Hildebrandt, Hausbank or Fournisseur? Bank Services for Small and Medium Sized Enterprises in Germany and France [J], Discussion Paper FS I 95 – 102, Wissenschaftszentrum Berlin für Sozialforschung, 1995.

[2] Tim Critchfield, Tyler Davis, Lee Davison, Heather Gratton, George Hanc, and Katherine Samolyk. The Future of Banking in America – Community Banks: Their Recent Past, Current Performance, and Future Prospects [M]. FDIC Banking Review, 2004, Volume 16, No. 13.

[3] Pöttke Alexandra, Die Rolle von Vertrauen im Privatkundengeschäft bei Kreditinstituten [M]. München: FGM Verlag, 2000, S. 16.

[4] Aoki Masahiko and Serdar Dinc, Relational Financing as an Institution and Its Viability Under Competition [R], Department of Economics and Center for Economic Policy Research Standfrod University, 1997. http://www – siepr. stanford. edu/workp/swp 97011. pdf.

[5] Wittman Christoph Moritz, Investmentbanking und Nachfolgeberatung der Sparkassen [M], 2010, S. 50 f.

[6] Joachim Süchting, Die Bankloyalität als Grundlage zum Verständnis der Absatzbeziehungen von Kreditin-

stituten [M], in: Kredit und Kapital, Heft 3/192, S. 269 - 300.

[7] Hermann Meyer zu Selhausen, Quantitative Marketing - Modelle in der Kreditbank [M], 1976, S. 34.

[8] Elsas Ralf, Die Bedeutung der Hausbank, Eineökonomische Analyse [M], Wiesbaden: Deutscher Universitäts - Verlag, 2001.

[9] Stracke Guido und Dirk Geitner, Finanzdienstleistungen: Handbuch über den Markt und die Anbieter1, Fachmedien Recht und Wirtschaft in Deutscher Fachverlag GmbH [J], Januar 1992, pp. 30 - 38.

[10] Jaenicke Johannes, Eine empirische Untersuchung zur Preispolitik der Banken unter besonderer Berücksichtigung bundesbankpolitischer Maßnahmen [M], 2003, S. 5.

[11] Investors Marketing. Banken der Zukunft. Privatkundenstudie 2016 [R], 2016.

[12] Seibel Karsten, Kundenflucht wird für Banken zum ernsten Problem [R], Die Welt, 17. 4. 2017. https: //www. welt. de/finanzen/verbraucher/article16

3752754/Kundenflucht - wird - fuer - Banken - zum - ernsten - Problem. html.

[13] Braun Markus, "Girokonten: Wechselkarussell nimmt an Fahrt auf" [J], in: Aktuelles, Wirtschaft, Juli 4, 2017.

[14] YouGov., Wechselbereitschaft Girokonto [Z], April 4, 2017.

杜晓山，中国社会科学院农村发展研究所研究员，教授，享受政府特殊津贴，原党委书记，副所长。主要社会兼职：陕西省政府扶贫开发工作顾问；中国小额信贷联盟理事长；中国村镇银行发展论坛组委会副会长；中国社会科学院贫困问题研究中心原副主任；中国县镇经济交流促进会原会长。主要研究领域：小额信贷和普惠金融，扶贫，农村金融。

孙同全，管理学博士，中国社会科学院农村发展研究所副研究员，农村金融研究室主任；兼任中国县镇经济交流促进会副秘书长及小额信贷发展研究分会秘书长，中国社会科学院贫困问题研究中心副秘书长；曾任中国（花旗）小额信贷培训中心副主任、世界银行学院微型金融远程师资培训教师、国际劳工组织小微企业信用担保项目培训教师。主要研究方向为扶贫、农村金融、农村组织与制度。

张睿，北京大学法律系法学硕士，现任职于中国人民银行金融研究所；曾任《中国普惠金融》副主编，世界银行学院合作的“微型金融远程师资培训”、世界银行集团国际金融公司“微型金融风险管理研讨会”、中央财经大学“普惠金融新领袖高级培训项目”、“小额信贷技术系列培训项目”以及“商业银行中高级管理人员培训项目”的主要策划人。研究领域为普惠金融、微型金融、小额信贷等。

蒋勇，中国村镇银行发展论坛组委会秘书长，中国县镇经济交流促进会副秘书长，《中国村镇银行》副主编，自 2007 年以来，一直致力于村镇银行的发展研究与业务咨询。